데일리 해빗

100명의 천재를 만든
100가지 습관

데일리 해빗

DAILY
Habit

교양종합연구소 지음 | 유선영 옮김

해피북스
투유

여러분은 매일 빼먹지 않는 '습관'이 있으신가요?

건강을 위한 달리기, 지식 습득과 마음의 풍요를 위한 독서, 행복을 위한 기도 등, 습관에는 다양한 종류가 있습니다.

여러분이 사소하지만 규칙적으로 하는 습관이 있듯이, '천재'라고 여겨지는 세계적인 유명인들에게도 여러 가지 습관이 있었습니다. 예를 들어, 다재다능한 천재 레오나르도 다빈치는 사소한 일이라도 메모해두는 습관이 있었고, 이론물리학자 알베르트 아인슈타인은 성공을 머릿속에서 그려본 후에 일을 시작하는 습관이 있었다고 합니다.

또한 오늘날 유통 업계의 선두 주자라는 타이틀에 걸맞는 기업가인 아마존의 창업자 제프 베조스는 알람을 맞추지 않고도 일어날 수 있도록 신경 썼고, 스페이스X 창업자이자 현 테슬라 CEO인 일론 머스크는 직원이나 동료들보다 항상 오래 일하고 열심히 일하는 삶의 루트를 습관화하고 있습니다.

'천재'나 '선두 주자'라고 불리는 이들은 실적이나 작품만 보면 우리와 다른 세상에 사는 존재로 느껴지지만, 사실 그들의 일상을 들여다보면 누구나 할 수 있는 습관을 꾸준히 이어가고 있다는 것을 알 수 있습니다. 그러한 습관이 쌓여 얻어진 성과가 다 빈치의 〈모나리자〉이고, 아인슈타인의 '상대성이론'이며, 제프 베조스의 '아마존'이 된 것입니다.

이 책에서는 동서고금의 '천재', '위인', '성공한 기업인' 등이 매일 실천하는 습관이나, 날마다 마음에 그리는 인생철학, 여러 가지 경험이 쌓여 만들어진 그 사람만의 독자적인 규칙을 다양 하게 소개하고 있습니다. 그들의 습관이나 인생철학을 뒷받침 하는 과학적 정보도 적절하게 포함해 다루고 있으며 각 습관을 적용하기 좋은 시간대도 체크해두었습니다. 그리고 그들의 습 관에서 비롯된 삶의 비전도 함께 소개합니다.

아무리 '천재'라고 하는 그들도 우리와 똑같은 한 사람의 인간 이라는 사실에는 변함이 없습니다. 수천 년의 역사 속에서 태어 난 100명의 천재가 가진 습관에서 배울 점은 분명 있습니다. 그 것이 뛰어난 지식 활동이나 기술적 능력이 아닌, 사소한 습관이 라면 우리는 금방 따라 익힐 수 있습니다. 사소한 습관 하나로 모든 걸 바꿀 수 있기를 기대해봅니다.

교양종합연구소 教養総研 로부터

- 차례 -

Chapter 2 '마음'을 단단하게 만드는 습관

Chapter 3 매일 '자기 계발'을 루틴화 하는 습관

Chapter 4 타인의 마음을 움직이는 '소통' 습관

Chapter 5 '건강'해지기 위한 습관

Chapter 1

'일' 잘하는 사람으로
성공하는 습관

매일 아침 알람에
의지하지 않고 일어나다

제프 베조스Jeffrey Preston Bezos(1964~) 미국의 기업가로, 프린스턴대학을 졸업했다.
금융업계를 거쳐 1995년 31세 때 아마존닷컴Amazon.com을 창업하여, 7월 아마존 서
비스를 시작했다. 아마존 프라임, 킨들 등의 서비스를 도입하는 한편, 잇달아 물류 창고
를 건설해 고객의 요구에 부응하면서 '인터넷과 현실의 경계'를 허무는 기업으로 그 선
두를 달리고 있다. 덧붙여 2018년부터 2021년까지, 《포브스》가 집계한 세계 억만장자
순위에서 1위를 기록했다.

- 대부분 원하는 정보량의 70% 정도가 모인 시점에서 결정을 내
  려야 한다. 90%가 될 때까지 기다리면 늦는다.
- 피자 두 판을 나눠 먹었을 때 모자라지 않을 정도의 소규모 미
  팅만 진행한다.

세계적 부호 아마존 창업자 제프 베조스의 정체

2015년쯤부터 미국 주식 시장에서 유행어가 된 말이 있습니
다. 바로 '가파GAFA'입니다.

G는 구글, A는 애플, F는 페이스북, 그리고 마지막 A는 아마
존을 가리킵니다. 각 기업 이름의 앞 글자를 따서 GAFA라는 신
조어가 생겼습니다.

2018년 10월 말 시점의 GAFA의 시가 총액은 1위가 애플, 2위가 아마존, 3위가 구글의 모회사인 알파벳, 4위가 페이스북입니다. 그리고 시가 총액만으로 비교한다면 2위 아마존과 3위인 알파벳 사이에는 마이크로소프트가 있어서, GAFA와 마이크로소프트의 첫 글자 M을 더하여 'GAFA+M'이라고 불리기도 합니다 ('빅5'라고도 함).

GAFA에서 두드러지는 성장세를 보이는 기업은 아무래도 아마존입니다.

1995년에 영업을 시작한 아마존은 창업 초기에는 '인터넷으로 책이나 CD를 구입할 수 있다는 것'이 특징인 기업에 불과했지만, 물류망과 물류 창고를 급격히 확대시키고 FBA Fulfillment By Amazon(셀러들을 위해 상품을 아마존 창고에서 보관, 주문 처리, 출하, 결제, 배송 등 모든 것을 대행해주는 서비스) 시스템을 구축하며 대량의 아이템을 갖출 수 있게 되었습니다. 고객의 입장에서 '오늘 사면 내일 도착'이라는 꿈같은 서비스를 받을 수 있도록 한 것입니다.

이렇게 더 이상 우리 생활에 빼놓을 수 없는 존재가 된 아마존을 이끄는 것이 바로 제프 베조스입니다. 그는 애플의 스티브 잡스, 페이스북의 마크 저커버그 등과 비교하면 사람들이 쉽게 떠올리지 못하는 옅은 인상의 이미지가 있지만, 그럴 수밖에 없습니다. 그는 생전의 스티브 잡스가 자주 얼굴을 비추었던 것처럼 언론에 등장하는 일이 거의 없고, 여러 사업을 벌였던 것도 아니기 때문입니다.

뉴멕시코주의 앨버커키에서 태어나 프린스턴대학을 졸업한 뒤 금융업계를 거쳐 아마존을 창업한 것이 그의 경력의 전부라고 해도 과언이 아닙니다.

제프 베조스는 왜 '잠'을 중요시하나?

제프 베조스는 개인의 생활에 대해 자세히 알려지지는 않았지만 그가 실천하고 있는 매일의 습관으로 알려진 것은 매우 심플한 것뿐입니다.

매일 아침 알람에 의지하지 않고 일어나는 것이 그의 대표적인 습관입니다. 잠자는 시간이 자신에게 중요하다고 생각하는 제프는 알람에 의존하지 않고, 자연스럽게 일어난다고 합니다. 그의 평균 수면 시간은 여덟 시간입니다.

그렇다면 왜, 제프 베조스는 세계 최첨단 기업을 이끄는 존재이면서도 이렇게나 충분한 숙면을 취하는 것을 고집하고 있는 걸까요? 바로 '오랜 시간 일하기 위해서'입니다.

그는 자신을 '현명하고도 맹렬하게 오랜 시간 일하는 사람'이라고 생각하는 한편, '인간에게는 여덟 시간의 수면이 꼭 필요하고 자신도 매일 밤 그 시간을 지키고 있다'라고 말합니다. 비록 잠들기 직전까지 고민거리가 남아있었다고 하더라도, 그는 일단 침대에 누우면 바로 잠들 수 있다고 합니다.

아마존은 현재 미국 전자상거래 시장에서 40%의 압도적인 점유율을 자랑하고 있습니다. 1995년 창업 이후 겨우 25년이라는 짧은 역사를 지닌 기업임에도 불구하고, 세계의 선두 자리를 꾸준히 유지하는 전자상거래 기업으로 성장할 수 있었던 것은 그를 비롯한 아마존의 직원들이 어쨌든 많은 아이디어를 쏟아내고 노력을 기울이며 힘든 일을 해냈기 때문입니다.

이를 반대로 말하면, 기업의 성장을 위해 고된 일을 계속하기 위해서는 매일 여덟 시간 수면이 필수라는 것입니다.

일하기 위해서 잠자다. 제프 베조스의 습관은 그런 생각에서 만들어진 필연적인 루틴일지도 모릅니다.

'제프 베조스 스타일의 사고'를 하는 방법

제프 베조스의 보유 자산은 대략 한화로 약 208조 원이 넘는 1,710억 달러라고 전해집니다. 그렇게 큰돈을 벌어 세계적인 부호가 된 그는 어떤 사고방식을 가지고 있는 걸까요?

타사를 모방하는 것을 마다하지 않는다. 그의 대표적 사고방식 중 하나입니다.

예를 들어, 2001년 제프는 코스트코 창업자 짐 시네갈James D. Sinegal과 이야기를 나누면서 회원제 서비스의 노하우에 대한 가르침을 받았다고 합니다.

코스트코는 미국에서 생겨난 회원제 창고형 대형 할인점입니다. 한국에도 매장이 있기 때문에 한 번쯤은 들어본 적 있는 분도 많을 것입니다. 제프는 짐 시네갈을 통해 회원들만을 위한 혜택을 제공함으로써, 자사에 대한 충성심이 높은 고객을 획득하고 또 자연스레 고객을 늘릴 수 있다는 것을 배웠다고 합니다.

어설프게 따라 하면 실패한다, 모방하려면 당당하게 하면 된다. 앞서 말했던 제프의 사고방식 중 하나에는 이런 메시지가 담겨 있다고 할 수 있습니다. 그만큼 제프 베조스는 꼼꼼히 타사의 장점을 배우고 습득하여 적용할 수 있도록 했습니다.

제프 베조스의 머릿속을 들여다보고 경영 능력에 대해 배우고 싶다면 그의 '피자 두 판 규칙' 역시 하나의 힌트가 될 수 있습니다. '피자 두 판 규칙'이란 두 판의 피자를 서로 나누어 먹기에 모자란 규모의 미팅은 하지 않는다는 말입니다. 보통 피자 한 판을 나누면 여섯 조각 정도가 될 테니까, 다시 말하면 적게는 여섯 명에서 많게는 열두 명 정도까지의 미팅만 진행한다는 것을 의미합니다.

제프의 이 '피자 두 판 규칙'은 아마존이 신속하게 고객 서비스를 추진할 때에 큰 메리트를 발휘합니다. 단시간 배송 서비스로 알려진 '프라임 나우Prime Now(특정 도시에 한정된 서비스로, 아마존의 두 시간 무료 배송 서비스를 칭함-옮긴이 주)'는 아이디어 구상 후 겨우 111일의 짧은 기간만에 도입되었습니다.

또한, 이런 사실에 관련하여 제프는 이렇게 말했습니다.

"대부분의 경우, 원하는 정보량의 70%가량이 모인 시점에서 결정을 내려야 한다. 90%가 될 때까지 기다리면 늦는다."

결정을 신속하게 실행할 수 있도록 하고 만족도가 높은 고객 서비스를 계속해서 빠르게 구축하려면 주어진 시간이 많지 않으니 적은 정보를 바탕으로 판단할 수밖에 없습니다. 이를 위해서는 제프 베조스처럼 충분한 수면을 통해 뇌를 움직이기 쉽게 해놓고 집중력을 높일 필요가 있을지도 모릅니다.

'수면'과 '일'의 상관관계

수면이 몸의 피로를 회복하고 집중력이나 기억력을 높여주는 것은 과학적으로 증명되었다. 왜냐하면, 수면 중에 성장 호르몬이 분비되기 때문이다. 잠이 들고 세 시간 정도 지났을 때, 성장 호르몬이 가장 많이 분비된다고 한다. 이를 실천하기 위해서 잠을 잘 때는 최초 90분 동안이 중요하다고 전해진다. 이 90분의 이후, 얼마만큼 깊은 잠을 잘 수 있는지가 관건이다. 깊은 잠을 위해 잠자리에 들기 전에 스마트폰을 보지 않고, 자기 전에 40℃ 정도의 미지근한 목욕물에 몸을 담그는 등, 몸에 긴장을 충분히 푼 상태에서 잠자리에 들자.

부하 직원이나 동료보다
열심히 일을 한다

일론 머스크Elon Musk(1971~) 미국의 기업가이자 투자자, 엔지니어이다. 우주로켓 벤처 기업 '스페이스엑스SpaceX'의 공동 설립자 겸 CEO이자, 전기자동차 벤처기업 '테슬라모 터스Tesla Motors'의 공동 설립자 겸 CEO, 태양광 발전 벤처기업 '솔라시티SolarCity'의 회 장이다. 스탠퍼드 대학원에 입학하자마자 이틀 만에 자퇴하고, 동생과 함께 웹사이트 운 영을 지원하는 IT 스타트업 '집투Zip2'를 설립했다. 이후, 집투를 매각하여 얻은 자금으로 '엑스닷컴X.COM'을 시작하고, 이 회사는 나중에 페이팔PayPal이 된다. 세계에서 가장 영 향력 있는 인물 중 한 명이다.

- 우리는 세상에 도움이 되는 일을 하고 있다. 그것은 중대한 일 이다.
- '두려움' 자체는 당연한 것이므로 무시한다. 이치에 맞는 합당 한 것이라도 그로 인해 앞으로 나아가는 것이 더뎌지기 때문 이다.

항상 책상이나 테이블 밑에서 자던 일론 머스크

일론 머스크라는 이름을 들어보지 않은 사람을 아마 없을 것 입니다. 일론 머스크는 애플의 스티브 잡스, 아마존의 제프 베 조스, 페이스북의 마크 저커버그 등과 함께 세계를 선도하는 기업 설립자 중 한 명으로 꼽힙니다. 그가 하고자 하는 일을 한마디로 표현한다면 '미래를 만드는 일'이라고 할 수 있습니다.

'인류를 화성으로 이주시키겠다', '발사에 사용되는 로켓을 여러 번 재사용할 수 있도록 하겠다', '가솔린차를 지구상에서 모두 없앤다'라는 그의 생각은 처음 들었을 때에는 너무 터무니없는 일이라고 생각하기 쉽습니다.

하지만 2015년에 발사된 우주로켓 '팰컨9'의 1단 로켓이 역사상 처음으로 무사히 무인 착륙장에 수직으로 착륙하는 데 성공했고, 테슬라모터스의 EV스포츠카 '로드스터'는 개발 1호부터 이미 최고 속도 210km를 기록했고, 주행거리는 한 번 충전으로 394km라는 위업을 달성했습니다.

그가 몸담고 있는 기업들이 해내고 있는 일들이 확실히 '미래를 만드는 일'이라는 점은 이런 사실들로 분명히 알 수 있습니다.

그렇다면 이렇게 세계를 이끄는 기업의 우두머리인 일론 머스크라는 인물이 어떤 방식으로 일하는가 하면, 실은 의외로 단순합니다.

사실 그는 '성실히 일하는 사람'입니다. 미국의 비즈니스 및 기술 뉴스 웹사이트 〈비즈니스 인사이더Business Insider〉에 의하면, 테슬라모터스에서 일하는 직원이 "항상 그 자리에 있는 것처럼 일하는 CEO, 일론 머스크만큼 오랜 시간 일하는 사람은 없다."고 인터뷰했습니다.

게다가 직원들은 책상이나 테이블 밑에서 새우잠을 자는

CEO의 모습을 어렵지 않게 목격한다고 합니다. 회사에서 일론 머스크는 '거의 잠을 자지 않는 슈퍼맨'으로 알려져 있습니다. 제조 기술의 리더 미겔 카레라Miguel Carrera는 일론 머스크에 대해 이렇게 말했습니다.

"그는 항상 회사에 있다. 직원의 대부분이 그가 책상 밑에서 자는 모습을 본 적 있을 것이다. 어느 날은 갑자기 다들 회의실에서 나가길래 보니까, 누군가가 책상 밑에서 웅크리고 자고 있었다. 바로 일론이었다."

이처럼 일론 머스크는 집에 가서 푹 쉴 시간을 아껴서 회사에서 새우잠을 자며 항상 일하는 모드로 살았습니다. 그렇기에 그가 손대는 사업마다 항상 성공하고, 일론 머스크가 꿈꿨던 미래이자, 우리의 현재를 만들 수 있었습니다.

'눈코 뜰 새 없이 매우 바쁘게 살아라'라고 한 그의 참뜻은?

2014년, 일론 머스크는 서던캘리포니아대학 마샬 경영대학원에서 졸업 연설을 했습니다. 그때 그의 입에서 나온 내용은 그가 '성실히 일하는 사람'임을 증명했습니다. 그는 연설 첫머리에서 졸업생을 향해 이렇게 말했습니다.

"제가 가장 먼저 하고 싶은 말은 눈코 뜰 새 없이 매우 바쁘게 살라는 것입니다. 어떤 일을 하냐에 따라 다르겠지만, 특히 첫 직장에서는 무조건 바쁘게 일할 필요가 있습니다."

일론 머스크가 동생과 집투를 창업했을 때, 그들은 사무실 대신 빌린 아파트에서 숙박을 해결하고 샤워는 YMCA 건물에서 했다고 합니다. 이렇게 일했던 일론은 말합니다.

"깨어있는 순간에는 항상 일해야 합니다. 특히 창업하는 사람에게는 꼭 해주고 싶은 말입니다. 다른 사람이 일주일에 50시간 일한다면 저는 100시간 일합니다. 그러면 남들보다 일을 두 배로 처리한 셈입니다."

일론이 창업한 회사처럼 세상을 깜짝 놀라게 할 제품과 서비스를 구축하여 폭풍처럼 성장하기 위해서는 충분한 노력이 필요합니다. 남들이 50시간 일할 때 100시간을 일하겠다는 말은 일에 대한 그의 결심과 의지를 나타내는 말이라고 할 수 있습니다.

그의 이러한 의지 덕분에 일론의 주변에는 그 열의에 이끌린 사람들이 많이 모여듭니다. '지도자가 노력하고 있으니 나도 분명 노력할 수 있다'라고 생각하는 사람들이 많기 때문입니다.

일론은 계속해서 이렇게 말합니다. "창업을 하든 취업을 하든 무엇보다 중요한 것은 뛰어난 사람들을 끌어모으는 일입니다. 훌륭하다고 생각되는 그룹에 참가한다고 해도, 혹은 회사를 만든다고 해도 뛰어난 사람들을 모으는 것은 필수입니다. 어떤 회사든 모두 상품과 서비스를 만들어내기 위해 모인 집단이기 때문입니다. 그룹의 일을 신뢰하고 올바른 방향을 향해 결속하는 것이 회사에 성공을 가져옵니다. 그러니 창업한다면 무슨 일이 있어도 뛰어난 사람들을 모읍시다."

'근로 방식의 개혁'을 주장하는 목소리가 높아지고 있는 한국에서 '눈코 뜰 새 없이 매우 바쁘게 살아라'라는 슬로건은 시대의 흐름에 역행한다고 받아들여질 수 있습니다.

하지만 현실은 가능한 시간을 최대한으로 일에 소비해야 이익이 배가 됩니다. 이는 분명한 사실입니다. 일하는 시간이 적은 경우 효율을 무척 높게 만드는 구조가 없는 한, 생산성은 떨어집니다. 일론 머스크의 이런 습관은 일하는 것에 대해 중요하게 가져야 할 태도를 우리에게 제시합니다.

일론 머스크와 스티브 잡스의 공통점

앞에서 말한 것처럼, 일론 머스크는 스티브 잡스나 제프 베조스와 어깨를 나란히 하는 인물입니다. 특히 일론과 잡스의 사이에는 공통점이 있습니다. 그것은 과연 무엇일까요?

이 둘의 공통점은 일론 머스크도 스티브 잡스도 '타협을 용납하지 않는다'라는 것입니다. 나아가 두 사람 모두 '프로덕트 피커Product Picker'라는 점입니다. 프로덕트 피커란 '제품의 세세한 부분까지 참견하는 까다로운 타입'을 말합니다.

잡스는 매킨토시를 개발할 때 직원들에게 제품 사이즈는 전화번호부 정도의 크기에 맞추라고 하고, 아이팟을 개발할 때는 선곡까지의 클릭 횟수는 3회 이내로 하라는 등, 구체적으로 까다로운 지시를 내렸습니다. 반면에 '이와 같은 작업을 위해 그 기술이 필요한가?'와 같은 기술적인 부분에 대해서는 의문을 갖거나 전혀 터치하지 않았습니다. 즉, '넓게 보면서 세세한 부분에 집중한다'는 것이 일론과 잡스의 특징입니다.

일론 머스크는 서던캘리포니아대학 졸업 스피치에서 "나이가 들수록 해야 할 일은 늘어난다. 가족이 생기면 더욱 그렇다. 힘든 일에 몰두하기란 더욱 어려워진다."라고 말했습니다. 그러면서 "그러므로 젊은 나이에 리스크를 감수하더라도 대담한 일에 도전하는 것을 잊지 않길 바란다."라고 말했습니다. '미래를 만드는 남자' 일론 머스크의 진가가 드러나는 말입니다.

'근로 방식의 개혁' 시대, 어떻게 일하면 좋을까?

각 기업이 '근로 방식의 개혁'에 노력을 들이기 시작하면서, 직원들은 출퇴근 시간을 유연하게 정하거나, 연차를 자유롭게 쓸 수 있게 되는 경우가 늘었다. 그렇다면 근로 방식 개혁에 따라 우리는 어떤 마음가짐을 가지고 일하면 좋을까? 일하는 시간이 줄어들었다는 것은 직원들끼리의 소통의 시간도 줄어든다는 뜻이다. 때문에 사내 SNS를 만들거나, 스터디나 동호회 등을 늘리는 회사들도 있다. 직원의 목소리를 들으려는 회사도 늘어남에 따라, 개인적으로도 자신의 의견을 정확하게 언어로 표현하여 전달하는 능력도 필요해졌다. 정확하게 말로 표현하려는 의식을 갖고, 간결하게 의사를 전달하는 능력을 기르는 일이 앞으로 한층 더 요구될 것이다.

행동할 때는 언제나
'5년 후에 어떻게 될지'를 상상하라

워런 버핏Warren Edward Buffett(1930~) 미국의 투자가이자 자선 사업가. 세계 최대의 투자 주식회사인 버크셔 해서웨이Berkshire Hathaway Inc.의 최대 주주로, 1969년부터 회장 겸 CEO를 맡고 있다. 이후 가구, 남성복 등의 소비재부터 보험, 금융 분야까지 아우르는 다각 경영화를 통해 유력 기업으로 키워냈다. 2006년에는 여러 자선단체에 갖고 있던 재산 중 8할 이상을 기부했고, 2008년, 경제잡지 《포브스》가 선정한 세계 부호 순위 1위에 올랐다. 100만 달러가 넘는 거액을 주고서라도 대화를 하고 싶은 인물로 여겨지며, '오마하의 현인Oracle of Omaha'이라는 별칭을 얻었다.

- 사람은 습관으로 행동하므로, 올바른 사고와 행동을 빠른 시일 내에 습관화 해야 한다.
- 사악한 인간과 함께해서 잘된 예는 없다.
- 증권거래소가 10년 동안 문을 닫는 일이 생긴다고 해도 기꺼이 보유하고 싶은 종목만 사라.

어떻게 워런 버핏은 세계적인 투자가가 될 수 있었을까?

　워런 버핏이라는 인물에 대해 많이 들어봤을 것입니다. 버핏은 세계적으로 명성이 높은 미국의 투자가이자 자선 사업가로, 1979년 이후 세계 부호 대열에 자주 오르는 유명 인사입니다.

2017년에는 자산 총액 756억 달러(약 85조 원)로 빌 게이츠에 이어 세계 2위를 차지했습니다.

하지만 그의 대단한 점은 여기서 끝이 아닙니다. 억만장자이면서도 교외에 위치한 작은 집에 계속 살면서, 수입 대부분을 자선단체에 기부하고 있습니다. 그래서 그는 태어난 고향의 이름을 붙여 '오마하의 현인'이라고 불립니다(현재도 네브래스카 오마하에 거주).

그의 투자 기술에는 특징이 있습니다. 그는 단기적 이익을 추구하지 않고 장기적 이익만을 추구해왔습니다. 코카콜라, 워싱턴포스트, 아메리칸 익스프레스 등 글로벌 기업의 주식을 수십 년간 보유하고 있지만, 그가 투자했을 당시 해당 회사가 경영위기에 놓여있던 경우도 많았습니다. 그는 당장 눈앞의 이익만을 쫓는 것이 아니라 멀리 내다보고 한 기업이 어떻게, 얼마나 성장할지까지 파악한 다음에 투자를 했던 것입니다.

"나는 내가 투자한 다음 날부터 5년 동안 시장이 폐쇄될 것이라는 상정하에 투자에 대한 판단을 내린다." 그의 투자 기술을 엿볼 수 있는 말입니다.

그는 데이 트레이더Day trader(주가 움직임만을 보고 차익을 노리는 단기 주식투자자)처럼 단기 매매로 이익을 보는 경우는 없습니다. 5년 뒤, 아니 10년, 20년 후를 내다보며 투자를 합니다. 버핏은 반세기 넘게 아메리칸 익스프레스의 주식을 계속 보유하고 있는데, 그가 주식을 샀을 무렵의 아메리칸 익스프레스는 사기를 당해 도산 위기에 처해있었습니다. 하지만 버핏은 '신용카드는 앞으로 반드시 전 세계에 보급될 것'이라고 예상하고, 이 회사에 투자하기로 했습니다. 이후 아메리칸 익스프레스는 금융업에 진출, 여행 관련 업적이 증대하면서 재건에 성공했습니다. 워런 버핏의 장기적 관점이 발휘된 순간이라고 할 수 있습니다.

"의논 후에 결정해야겠다는 생각이 들 때, 나는 거울을 본다."

왜 워런 버핏은 투자에 대해 위와 같은 독특한 생각을 갖게 되었을까요?

그는 젊은 시절 두 번의 쓰라린 투자 경험을 했습니다. 한 번은 열한 살 때의 일입니다. 어릴 적부터 주식에 흥미가 남달랐던 그는 주당 38달러짜리 주식 3주를 매수하고 40달러로 올랐을 때 매도하여 6달러의 이익을 남겼습니다. 하지만 나중에 해당 주식은 급등하여 무려 200달러까지 올랐습니다. 이 사건으로부터 버핏은 구입 당시의 주가에 연연하지 않고 사소한 이익을 쫓지 말자는 교훈을 배웠습니다.

두 번째는 그가 대학생 때입니다. 아버지와 주식을 공동 구입하고 있던 그는 마셜 웰스Marshall Wells라는 철물 도매 기업의 주주총회에 참석했습니다. 집으로 돌아오는 길에 그는 투자가 루이스 그린의 점심 식사에 초대받았습니다. 그는 버핏이 다니는 대학에서 학생을 가르치던 경제학자 벤저민 그레이엄의 친구였습니다. 루이스 그린은 식사 도중 버핏에게 왜 마셜 웰스의 주식을 샀는지 물었습니다. 그 질문에 버핏이 "그레이엄이 샀으니까요."라고 대답하자, 그린은 이렇게 말했습니다. "남이 샀으니까 너도 샀단 말이냐? 투자는 자기 머리로 생각하고 해야 해."

그의 단호한 한마디로 버핏은 투자란 스스로 조사하여 자신의 머리로 생각한 후에 해야 한다는 가르침을 얻었습니다.

또한, 버핏은 "다른 이들이 탐욕에 빠져있을 때를 경계하자. 주위 사람들이 머뭇거릴 때만 탐욕스러워지자."라고도 했습니다. 즉, '주식은 싸게 사서 비싸게 파는 것'이 좋다는 말입니다. 그가 이 말을 통해 전하고 싶은 내용은 '집단에 휩쓸려가는 것의 위험성'과 '자신의 감을 믿는 것의 중요함'이었습니다.

버핏은 종목 선정과 매도 시기를 어떻게 고르느냐는 질문에 이렇게 답했습니다. "의논 후에 결정해야겠다는 생각이 들 때, 나는 거울을 보고 나에게 묻는다." 의논 상대를 선택할 때는 우선 나에게 질문을 하는 것부터 시작해보면 어떨까요?

---

plus α

'목표 달성 후 나는 무엇을 하고 있을까?' 자신에게 묻기

버핏은 주식 종목을 살 때 "5년 후, 어떻게 될까?"라는 질문을 하는데, 어떤 행동을 할 때는 그렇게 상상해보는 일은 매우 중요하다. 다시 말하자면, 구체적이고 분명한 이미지를 만드는 일이 더욱 중요해지고 있다. 예를 들어, 목표를 달성했을 때, "나는 그 후에 어떤 일을 하고 있을까?", "누구와 있을까?", "어떤 기분이 들까?" 등을 상상해보며 현실에 따라 이미지를 구체화하면 당신이 하고 싶은 일이 실제에 더 가까워질 것이다.

'성공'을 머릿속에서 그려보고
일을 시작하라

알베르트 아인슈타인 Albert Einstein(1879~1955) 독일 남부 울름 태생으로 유대계 미국인 이론물리학자이다. 1916년 일반상대성이론을 발표, 태양 옆을 지나는 광선은 굴절된다는 현상을 예측하였는데, 이는 나중에 입증되었다. 1933년 나치 정권이 지배하던 독일을 떠나 미국으로 건너가, 프린스턴 고등연구소에서 연구자로 생활한다. 유대인 대학살과 맨해튼계획, 그에 따른 히로시마와 나가사키 원폭 투하는 그를 크게 고통스럽게 했다. 전쟁 후 평화운동에 진력하는 등 이후 그의 삶의 방식에 지대한 영향을 미쳤다.

- 오직 다른 이를 위해 산 삶만이 가치가 있다.
- 나는 미래에 대해 생각하지 않는다. 왜냐하면, 고민하는 사이에 금세 당도해버린다.
- 나에게는 특별한 재능이 있는 것은 아니다. 단지 정열적인 호기심을 가지고 있을 뿐이다.
- 진정한 지성의 표시는 지식이 아니라 상상력이다.

왜 아인슈타인은 '직감'을 중시했을까?

알베르트 아인슈타인은 독일 태생의 이론물리학자입니다. 1905년은 '아인슈타인 기적의 해'라고 불리는데, 그가 그 해에 '광양자가설', '브라운운동', '특수상대성이론'이라는 3대 논문을 잇달아 발표했기 때문입니다(실제로는 이 해에 다른 박사 논문을 포함해 총 여섯 편의 논문이 발표됨). 게다가 놀랍게도, 이런 중요한 논문을 완성할 무렵의 아인슈타인은 대학교수가 아닌 일개 특허국의 관리인이었습니다. 세계적으로 알려진 바가 없던 아인슈타인이 물리학계에 혁명을 일으켰으니, 그 충격은 이루 헤아릴 수가 없었습니다.

나중에는 뉴턴과 동등하게 평가될 정도로 세계적 인물이 된 아인슈타인, 그의 생활을 지탱해온 습관은 무엇이었을까요? 그가 일을 진행하면서 실천하던 습관은 '성공'을 머릿속에 그려보고 일에 착수한다는 것입니다. 다른 각도로 말하자면, '작은 성공'을 상상해본 뒤 일을 진행한다는 말입니다.

그것은 그가 머리로 여러 가지 상황을 고려해 가능성을 가늠해보는 것보다, 직감Inspiration 혹은 영감에 의해 성공을 예상해보는 편이 훨씬 실현 가능성이 크다고 생각했기 때문이었습니다.

아인슈타인은 줄곧 '진실은 아름답고 단순하다'라는 신념을 가지고 있었습니다. 그는 '물리학적 진실은 단순하면서도 명확한 것'이라고 믿었습니다. 그 때문인지 그는 확률이나 통계가 관련된 양자역학은 좋아하지 않았고, 받아들이는 일도 많지 않았습니다.

아인슈타인은 이 생각에 대해서 이렇게 말합니다. "신은 우주를 상대로 주사위 놀이를 하지 않는다God does not play dice with the universe." 이는 명확한 법칙과 계산으로 증명되는 것만 과학으로 인정할 수 있다는 의미를 담고 있습니다.

아인슈타인이 성공을 머릿속에 그리고 나서 일에 착수하는 습관을 갖고 있었던 것도, 진실은 굉장히 단순한 것이며, 직감에 의해 성공을 예측할 수 없는 경우는 성공하지 못할 가능성이 크다고 생각했기 때문입니다.

의도적으로 식사와 옷차림을 심플하게

아인슈타인의 진실은 아름답고 단순하다는 신념은 그의 실생활에서도 실천으로 이어졌습니다. 식사를 예로 들어보겠습니다. 그의 식사는 기본적으로 검소, 그 자체라고 할 수 있습니다. 그는 치즈와 토마토가 들어간 마카로니 스파게티를 좋아했습니다. 술은 마시지 않았고, 홍차나 커피를 즐겨 마셨다고 합니다. 옷도 매우 심플하게 입었습니다. 낡아서 색이 바랜 가죽점퍼나 재킷이 일상복이었고 넥타이를 매는 일도 없었습니다. 양말도 거의 신지 않았다고 합니다. 머리카락은 자주 다듬지 않아 항상 길었습니다. 남겨진 그의 사진을 보면 덥수룩한 머리카락을 하고 있는 경우가 많습니다.

그의 소탈한 식사와 옷차림은 모두 앞서 말한 '진실은 아름답고 단순하다'라는 신념을 구체화시킨 것입니다. 머리카락이 긴 것은 이발소에 가는 수고를 덜기 위해서였고, 양말을 신지 않았던 이유도 빨래를 하거나 양말에 구멍이 나면 누군가가 그것을 수선해야 하는 번거로움 때문이었다고 합니다.

"일이 과잉되면 사람은 그 앞에서 '노예'로 전락하고 만다. 그래서 자유를 손에 넣기 위해서는 가능한 '아무것도 소지하지 않는 것'이 중요하다." 이와 같은 아인슈타인의 발언을 통해서 아인슈타인이 왜 심플한 일상을 보냈는지를 알 수 있습니다.

1922년 일본을 방문한 아인슈타인은 게이오대학에서 강연을 하였는데, 당시 강연 원고를 만들어 달라는 통역사의 요청에 아인슈타인은 이렇게 말했다고 합니다. "미리 원고를 써두면 사고나 생각이 고정되어 안 된다. 청중의 얼굴을 보고 그 자리에서 자유로운 마음으로 강연하고 싶다."

어디까지나 심플한 사고방식을 실천하고 있으면서도 얽매이지 않던 인물이 바로 아인슈타인입니다.

마을에서 스스럼없이 대화를 건네는 소탈한 아인슈타인

3대 논문 발표 후 세계적인 명성을 떨친 아인슈타인이지만, 그는 유명인의 기색이 전혀 없는 검소한 생활을 보냈습니다. 아인슈타인은 1933년 54세 때, 나치독일이 정권을 잡으면서 독일 국적을 포기하고 가족을 데리고 미국으로 망명합니다.

그는 미국에서 1945년까지 프린스턴 고등연구소에서 일했는데, 프린스턴에서 보낸 그의 일상은 단순하기 짝이 없었습니다. 오전 9시부터 10시까지 아침 식사를 하고 10시 반쯤 집에서 나와 연구실로 향합니다. 날씨가 좋은 날은 산책 겸 걷고, 비 오는 날은 연구소 차를 타고 갔습니다. 오후 1시까지 연구실에 있다가 집으로 돌아와 1시 반쯤 점심 식사를 합니다. 그리고 낮잠을 잔 후 홍차를 한잔 마시는 것이 그의 일과였습니다. 그러고는 자택에서 하다 만 일을 끝내거나, 사람을 만나거나, 비서가 정리해둔 편지를 훑어보곤 했다고 합니다.

이와 같이 단순하고 검소한 생활을 하고 있던 아인슈타인이었기 때문에 시내에서 만나는 이웃들과 평범하고 다정한 대화를 나누는 일도 잦았습니다. 그에게는 이른바 '팬'도 많아서 일하러 오가는 길에 기다리고 있던 팬들과 마주치는 일도 종종 있었다고 합니다. 그럴 때 아인슈타인은 그들과 평범하게 대화하고 때로는 유머를 섞인 말을 건넸습니다. 팬들과 거리를 두거나 하지 않고, 인간관계에서도 소탈했던 그의 모습을 엿볼 수 있습니다.

시합이 끝난 후, 바로 귀가하는 메이저리그 선수들

아인슈타인의 소탈한 일상을 본문에서도 소개했는데, 그와 마찬가지로 일하는 것과 집에서의 휴식을 중요시했던 또 다른 직군이 바로 메이저리그 선수들이다.

예를 들면, 뉴욕 양키스의 다나카 마사히로田中将大 선수는 등판을 마치자마자 집으로 돌아가 식사를 한다고 하고, 과거 메이저리그에서 뛴 적이 있는 우에하라 고지上原浩治 선수도 구장 내 식당에서 식사를 마치면 바로 귀가했다고 한다. 일본인 메이저리그 선수들이 그런 금욕 생활을 했던 것은 컨디션 관리도 있겠지만, 일상생활에 패턴을 정해둠으로 의사 결정에 소비하는 힘도 야구에 쏟아붓기 위해서였다.

가장 불편한 피드백에 귀를 기울이다

빌 게이츠Bill Gates(1955~) 미국 출생으로, 마이크로소프트를 일구어낸 카리스마 있는 기업가이며 한동안 전 세계에서 재산이 가장 많은 사람 1위에서 자리를 내어주지 않았었다.

'가장 심기가 불편한 고객'으로부터 비즈니스를 배우다

빌 게이츠는 자신의 성공을 축하하는 것도 좋지만, 실패가 주는 가르침에 귀를 기울이는 태도가 가장 중요하다고 말했습니다. 예를 들어, 여러분이 고객을 응대하는 담당자라고 했을 때, 기분이 나쁜 고객(빌 게이츠가 말하기로는 '가장 심기가 불편한 고객')이야말로, 배울 게 많은 존재라고 할 수 있습니다. 그들의 입으로 듣는 이야기가 일종의 실패 요인이 될 수 있기 때문에 귀를 기울여 의견을 반영해야 하는 것입니다.

내가 내놓은 아이디어는 웃음거리가 되어도 좋다

빌 게이츠는 "내가 내놓은 아이디어에 적어도 한 번이라도 남들이 비웃지 않으면, 그것은 독창적인 발상이라고 할 수 없다."라고 말했다. 확실히 우리는 평소 눈에 익은 상품이라면, 크게 감정이 흔들리거나 비난을 하지 않는다. 즉, 이 말은 '도전'에 대해 가져야 하는 마음가짐에 대해 알려준다.

정말로 하고 싶을 때,
행동으로 옮긴다

무라카미 하루키村上春樹, Murakami Haruki(1949~) 일본 교토 태생으로 작가이자 번역가이다. 재즈 카페를 운영하다가 1979년 《바람의 노래를 들어라》로 고단샤의 군조 신인 문학상을 수상하면서 등단했다. 《양을 둘러싼 모험》, 《노르웨이 숲》, 《1Q84》, 《색채가 없는 다자키 쓰쿠루와 그가 순례를 떠난 해》 등의 다양한 작품 활동 외에도, 일본 내에서 다수의 명작을 번역했다. 프란츠 카프카상(체코), 예루살렘상(이스라엘), 카탈루냐 국제상(스페인) 등 해외에서도 다양한 상을 받았다.

> 누구를 따라잡을 수도 없고, 누구를 추월할 수도 없다. 그럼에도 불구하고 우리는 그런 회전목마 위에서 가상의 적을 향해 치열한 데드히트dead heat(대접전)를 벌이고 있는 듯하다.
>
> ―《회전목마의 데드히트》 중에서

무엇을 하고 있을 때, 거기서 즐거움과 기쁨을 찾을 수 있을까?

 무라카미 하루키의 작품은 일본뿐 아니라 미국과 유럽, 아시아 등 50여 개국에서 번역되어 출판되고 있다. 무라카미는 1979년에 《바람의 노래를 들어라》로 작가 데뷔한 이래 계속해서 소설을 쓰고 번역 활동도 했지만, 소설이 써지지 않는 슬럼프writer's block를 경험한 적이 없다고 합니다.

그 이유는 매우 단순합니다. '소설을 쓰고 싶지 않을 때, 혹은 쓰고 싶은 마음이 생기지 않을 때는 절대 쓰지 않는다'고 합니다. 즉, 정말로 하고 싶다는 마음이 들 때만 집필을 시작한다고 합니다. 만약에 소설을 쓰고 싶지 않을 때는 번역 일을 하면서 한동안 집필을 하지 않고 있으면 다시 소설을 쓰고 싶은 의욕이 생긴다고 합니다.

왜 무라카미 하루키에게 이런 습관이 생겼는가 하면, 자신에게 있어서 무엇이 필요하고, 무엇이 그만큼 필요하지 않은지를 판별할 때에 그가 기준으로 삼는 것이 '그것을 하고 있을 때 즐거운 기분이 될 수 있는가?'를 생각하기 때문이라고 합니다. 무엇인가 중요하다고 생각되는 행위를 하고 있는 데도 즐겁지 않고, 기쁨을 찾아낼 수 없다면, 거기에는 무엇인가 잘못되고 조화롭지 못한 것이 있다고 무라카미는 생각했습니다. 여러분도 일이나 취미에 있어서 이를 기준으로 삼아보는 것이 어떨까요.

극작가 닐 사이먼이 일을 하는 기준

미국을 대표하는 극작가 닐 사이먼Marvin Neil Simon은 희곡을 쓸 때, '좋은 연극이긴 하지만 내 인생에서 1년이나 2년을 보낼만한 가치가 없다'라고 판단되면, 그 희곡에는 손대지 않았습니다. 그는 일을 시작하기 전에, 그 작품이 완성되는 과정에서 발생하는 즐거움이나 기쁨을 미리 상상하고, 자신의 시간을 쏟을만한 것인지를 판단했다고 합니다.

자금 융통이 어려워지면
주저하지 않고 빌린다

필 나이트Phil Knight(1938~) 나이키 창업자로, 미국 오리건주 포틀랜드 태생이다. 오리건대학을 졸업 후, 1962년 일본 여행 중에 일본의 신발 제조업체인 오니츠카 타이거를 직접 찾아가 판매권을 얻어내, 빌 바우어만과 함께 설립한 블루 리본 스포츠Blue Ribbon Sports, BRS에서 판매를 하였다. 오니츠카 타이거와 갈라선 후에는 자체 브랜드 '나이키'를 론칭하고 회사 이름도 나이키로 변경하였다. 이 회사는 아디다스, 퓨마를 뛰어넘는 세계적인 스포츠 브랜드가 되었다. 필 나이트는 1964년부터 2004년까지 나이키의 CEO를, 2016년까지는 회장을 역임했다.

결코 실패해서는 안 될 때는 마지막에 도전하는 그때뿐이다.

임기응변으로 오니츠카 타이거와 대리점 계약 체결

　세계에서 가장 높은 브랜드 가치를 자랑하는 스포츠용품 회사 '나이키'를 창업한 필 나이트는 대학원을 졸업한 후에 아버지에게 돈을 빌려 배낭여행을 떠났습니다. 대학생 때 썼던 논문에서 '일본 카메라가 독일 카메라를 꺾는다면, 일본 운동화도 독일의 아디다스나 퓨마를 이길 수 있지 않을까' 하는 주장을 내세웠던 그는 여행 중 고베의 오니츠카 타이거 본사를 찾아갑니다. 본인을 '오리건주에 있는 블루 리본 스포츠의 대표'라고 즉석에서 지어내 소개하며 오니츠카사와 대리점 계약 체결에 성공했습니다.

후에 오니츠카 타이거와 발주 문제로 갈라서게 됩니다. 다시 일본 현재의 아사히 슈즈와 파트너를 맺고 일본의 종합상사 닛쇼이와이日商岩井(현재 소지쯔Sojitz Corporation)로부터 사업 자금을 투자받아, 그리스 신화에 등장하는 승리의 여신 니케Nike의 이름을 딴 나이키Nike로 브랜드 이름을 짓고 세계 진출의 발판을 마련하였습니다.

이후 나이키는 급속도로 규모가 커지면서 거액의 돈을 빌리고, 부도 수표를 내기도 했습니다. 이런저런 경제적 위기를 겪을 때마다 필 나이트는 주저하지 않고 자금을 빌리러 다녔습니다. 직원의 부모님에게 돈을 빌려 운영 자금으로 쓰거나 상사회사로부터 자금 지원을 받기도 했습니다. 이는 자금이 끊겨져 회사를 도산시키기보다는 회사를 살리는 방법을 모색했던 것입니다. 그렇게 어려움을 극복해 지금의 나이키를 있게 했습니다.

plus
α

다양해진 오늘날 자금 조달 방법

필 나이트가 창업하던 시기에는 쉽지 않았지만, 지금은 창업하고 싶은 사람들을 위한 자금 조달 방법이 얼마든지 있다. 벤처기업의 주식 등을 인수함으로써 투자를 하는 벤처 캐피털이나, 주로 인터넷을 통하여 조직이나 사람에게 재원을 제공하고 투자받는 크라우드펀딩(소셜펀딩) 등이 있다.

자신이 품은 꿈에는
'이름'을 꼭 붙여라

월트 디즈니 Walt Disney(1901~1966) 미국의 영화 제작자로, 1923년 형 로이와 함께 로스앤젤레스에서 애니메이션 영화 회사 '디즈니 브라더스 카툰 스튜디오Disney Brothers Cartoon Studio'를 설립했다. 〈만화 나라의 앨리스Alice in Cartoonland〉, 〈오스왈드 래빗 Oswald the Lucky Rabbit〉 같은 단편들이 호응을 얻게 되고, 1928년 〈미친 비행기Plane Crazy〉에서 미키마우스를 처음으로 선보였다. 같은 해에 기존의 무성영화에 소리를 입힌 최초의 유성 애니메이션 〈증기선 윌리〉를 완성하면서, 영화 업계에 명성을 떨치기 시작했다. 1955년 캘리포니아주 애너하임에 세계 최초의 디즈니랜드를 오픈했다.

- 우리의 꿈은 모두 이루어진다. 계속해서 꿈을 좇을 용기만 있다면.
- 진정으로 가치 있는 일을 해내고 싶다면, 목숨을 걸고 고려해 볼 일이다.

월트 디즈니가 자신의 꿈이었던 놀이공원에 붙인 '이름'

월트 디즈니는 미키마우스나 미니마우스 그리고 디즈니랜드의 창조자로 유명하다. "나의 일은 사람을, 특히 아이들을 행복하게 만드는 것입니다My business is making people, especially children, happy." 이는 월트 디즈니의 명언 중 하나인데, 그의 인생이 이 한마디로 집약되어 있다고 해도 과언이 아닙니다. 미키마우스를 만들고 디즈니랜드를 건설한 것도, 아이와 부모가 함께 즐길 수 있도록 만드는 것이 그의 꿈이었기 때문입니다.

〈백설공주와 일곱 난쟁이〉, 〈이상한 나라의 앨리스〉 등의 최첨단 기술로 제작된 애니메이션 영화로 높은 평가를 받으면서 나는 새도 떨어트릴 기세의 월트 디즈니였지만, 디즈니랜드 건설 계획만큼은 수월하지 않았습니다. 거액의 자금이 필요했기 때문인데, 그를 항상 이해해주던 형 로이조차도 처음에는 반대했습니다. 하지만 그는 자신이 품었던 꿈을 포기하지 않았습니다.

그렇다면 월트 디즈니는 어떻게 실현하기 힘든 자신의 꿈을 이룰 수 있었을까요? 바로 그가 자신의 꿈에 '이름'을 붙였기 때문입니다. 월트 디즈니가 처음 품은 꿈은 '아이와 부모가 동시에 즐길 수 있고, 아무도 본 적 없는 놀이공원' 건설이었습니다. 그래서 그는 미국이나 유럽의 테마파크, 페스티벌, 카니발 등을 자주 다녔습니다. 그리고 친절한 직원과 맛있는 음식이 가득한 놀이공원 건설이 그의 꿈이 되었습니다.

1948년, 그는 꿈의 놀이공원에 이름을 붙이게 됩니다. 지금의 디즈니랜드가 아닌, '미키마우스 파크'라는 이름이었습니다. 그 외에도 '디즈니랜디아', '월트 디즈니의 미국' 등의 호칭이 붙은 적도 있지만, 4년 후인 1952년에 최종적으로 '디즈니랜드'라는 이름으로 확정되었습니다.

월트 디즈니가 자신이 품은 꿈에 '이름'을 붙임으로써 어떤 일이 벌어졌을까요? 첫 번째로 주위 사람들이 그의 꿈을 공유할 수 있게 되었습니다. '더 좋은 놀이공원을 만들고 싶다'라는 그의 생각은 다른 이들도 알고는 있었지만, '더 좋은'이라는 막연한 표현이 어떤 것인지에 대한 이미지는 떠오르지 않았습니다.

하지만 '미키마우스 파크'라는 이름을 일단 붙이고 나니, '미키마우스가 실제로 있는 놀이공원'이라는 이미지를 사람들과 나눌 수 있었습니다. 그 이름이 생기면서 건설 계획에 협력하는 사람도 늘어나게 되고, 1955년에는 디즈니랜드가 성공적으로 오픈하게 된 것입니다.

월트 디즈니는 성공을 위한 첫걸음은 먼저 생각을 하는 것이라고 했습니다. 그리고 계속해서 신념을 갖고 나아가, 확신을 갖고 전진하라고 말했습니다. 대담한 꿈을 신중하게 구체화하며 일을 진행한 끝에 디즈니랜드를 오픈할 수 있었던 것입니다.

월트 디즈니에게도 찾아온 성공과 실패의 반복

1937년에 〈백설공주와 일곱 난쟁이〉 프리미어 쇼가 대성공을 거두면서, 그는 인생의 절정에 이르렀지만 그 이후로는 불행과 실패의 연속이었습니다.

이듬해 사고로 어머니를 잃고, 1940년에 발표한 〈피노키오〉와 〈환타지아〉는 흥행에 실패했습니다. 1941년에는 회사 내 파업이 벌어지면서 월트 디즈니는 폭군이라 불리며 눈엣가시 취급을 받았습니다. 그리고 아버지마저 돌아가시게 됩니다. 40세 무렵의 그에게는 불행만이 남아있는 것 같았습니다.

그런 최악의 상태에 빠진 그를 구한 것이 〈신데렐라〉의 성공과 디즈니랜드의 건설이었습니다. 스토리 아티스트인 빌 피트Bill Peet는 그가 〈신데렐라〉를 찍지 않았더라면 디즈니랜드도, 테마파크 앱콧Epcot도, 오늘날의 디즈니 스튜디오도 존재하지 않았을 것이라고 했습니다.

1953년 월트 디즈니는 미국의 ABC 방송사와 계약에서 35%의 소유권과 맞바꾼 막대한 투자를 받는 데 성공했습니다. 매주 ABC 방송에서 디즈니랜드 광고를 내보내게 되면서 미국에서 가장 인기 있는 관광 명소로 자리 잡게 되었습니다.

오늘날에 모르는 사람이 없을 정도의 유명한 월트 디즈니 역시 성공과 실패를 반복하는 인생을 살았습니다. 그는 꿈에 대해서 이렇게 말했습니다. "누구라도 꿈을 이룰 수 있다. 꿈을 꾸고, 그 꿈을 이룰 수 있다고 믿고 노력한다면 말이다. 노력하는 일 역시 그다지 어렵지 않다. 왜냐하면 그 과정이 너무 즐거워서 내가 노력하고 있다는 기분이 들지 않기 때문이다."

plus
α

불교의 가르침과 월트 디즈니의 신념

불교의 가르침 중에 '몸身·입口·생각意의 삼업三業을 청정하게 하라'는 말이 있다. 이는 신체, 언어, 마음으로 하는 행동을 정화하라는 가르침인데, 이 설법에는 그런 세 가지 행동에 수반되는 결과도 중시하라는 가르침이 포함되어 있다. 월트 디즈니가 꿈을 이루기 위해 이름을 붙이고 사람들과 공유하는 것은, 그렇게 함으로써 꿈을 이루기 위한 각오를 스스로에게 안겨주었다고 할 수 있다.

일어서서 일을 하며
집중력을 향상시킨다

어니스트 헤밍웨이Ernest Hemingway(1899~1961) 미국의 소설가로, 의사 집안에서 태어나 고등학교 때는 풋볼 선수로 활약했다. 고등학교 졸업 후에는 〈캔자스 시티 스타The Kansas City Star〉 신문 기자가 되었으며, 1921년에는 캐나다 〈토론토 데일리 스타Toronto Daily Star〉의 특파원으로 파리에 건너가면서 작가로 활동을 시작했다. 《해는 다시 떠오른 다》, 《무기여 잘 있거라》를 발표하면서, '잃어버린 세대Lost Generation'의 대표작가가 되었다. 1952년에는 자연과 인간의 대결을 상징적으로 그린 소설, 《노인과 바다》를 발표하고, 그 이듬해인 1953년에 퓰리처상을 받고, 1954년에는 노벨문학상을 받았다. 그후 1961년에 엽총으로 자살했다.

> 66
>
> • 사람의 이야기는 몸과 마음, 전부를 다해 들어주어라.
> • 선이란 뒷맛이 좋은 것이다. 악이란 뒷맛이 개운하지 않은 것이다.
>
> 99

구글에서도 사용하고 있는 '스탠딩 데스크'의 기원

친근한 성격에서 비롯되어 '파파papa'라고 불리던 어니스트 헤밍웨이는 집필 방식에 독특한 점이 있었습니다. 바로 일어선 채로 글을 쓰는 것입니다. 그는 집중력을 높이기 위해 가슴 높이까지 오는 책상 위에 나무로 만든 독서대를 놓고, 거기에 타자기로 쓸 용지를 갖춰놓고, 연필로 글을 쓰기 시작했습니다. 그렇게 어느 정도 이야기를 써내려가다가, 대화를 삽입할 필요가 생겼을 때 타자기로 다시 쳤다고 합니다.

이와 관련하여 '선 채로 일한다'는 그의 방법은, 오늘날 구글이나 페이스북 같은 글로벌 기업에서 사용하고 있는 '스탠딩 데스크'에 영향을 주었다고 해도 과언이 아닙니다.

또한 헤밍웨이는 어김없이 매일 아침 일찍 일을 시작합니다. 오전 5시나 6시쯤 눈을 뜨면 최대한 빨리 글쓰기 작업을 시작했습니다. 이는 전날 늦은 밤까지 술을 마셨다고 해도 변하지 않는 그의 습관이었습니다.

그는 그날의 원고를 써나갈 때, 먼저 전날에 써둔 부분을 다시 읽었습니다. 그 전날 집필을 끝내기 전에는 항상 다음 전개를 어떻게 할지 스스로 파악한 뒤 집필 작업을 마무리했기 때문에, 순조롭게 다음 내용을 이어서 쓸 수 있었습니다. 아침 6시쯤부터 시작된 일은 대개 정오에 끝나거나, 단락을 짓는 부분이 괜찮으면 오전 중에 끝냈습니다. 그는 '텅 빈 느낌이 드는' 때를 집필을 마치는 기준으로 삼았습니다. 더 이상 진도가 나가지 않으면 다음 날 새롭게 시작할 수 있도록 기다리는 것도 헤밍웨이의 집필 스타일이었습니다.

이런 집필 스타일은 일본 유명 작가 무라카미 하루키에게서도 비슷하게 찾아볼 수 있습니다. 무라카미 하루키는 장편소설을 쓰는 동안, 새벽 4시에 일어나 오전 10시 정도까지 계속 글을 씁니다. 오후에는 달리기나 수영을 하고 9시에는 잠자리에

듭니다. 매일같이 똑같이 반복합니다.

무라카미 하루키는 집필 활동을 '굴튀김을 튀기는 것과 비슷'하다고 독특하게 비유했습니다. 그는 굴튀김을 무척 좋아하는데, 부인은 튀김을 싫어해서 만들어 주지 않았다고 합니다. 그래서 무라카미 하루키는 직접 굴튀김을 만들어서 먹었습니다. 그는 굴튀김을 튀기는 것은 '내가 먹고 싶기 때문'이고, 소설을 쓰는 것도 '내가 쓰고 싶기 때문'이라고 말했습니다. 고독한 작업이지만, 행위의 모든 것은 자신을 위한 것이라는 뜻이죠.

자기 자신을 속이지 않기 위한 헤밍웨이의 습관

헤밍웨이가 일하는 습관에는 또 한 가지 특이한 점이 있었습니다. 바로 하루에 몇 단어를 썼는지 단어의 숫자를 세며 작업량을 기록했다고 합니다. 이는 자기 자신을 속이지 않기 위한 습관이었다고 하는데, 스스로에게 엄격하게 작업량을 부과했다고 합니다. 하지만 집필 작업이 제대로 안 됐을 때는 거기에 얽매이지 않고, 얼추 일단락을 지은 뒤 받은 편지에 답장을 쓰는 등의 일로 기분 전환을 했습니다.

무라카미 하루키는 원고지로 환산했을 때 하루 열 장을 목표로 삼았다고 합니다. 《샤이닝》, 《스탠 바이 미》와 같은 작품으로 알려진 미스터리 작가 스티븐 킹도 '생일이든 크리스마스든 무조건 하루에 2,000자는 쓴다'라고 했습니다.

'아무리 해도 마음에 내키지 않을 때는 우선 일단락을 짓는다'

라고 하지만, 최소한의 할당량을 설정해둔 작가가 많다는 것을 알 수 있습니다. 매일 정해진 시간에 일어나 정해진 분량의 원고를 쓰고, 정해진 시간에 밥을 먹은 후 항상 같은 시간에 잠자리에 듭니다. 비록 고정된 출퇴근이 없이 자유롭게 창작을 하는 사람이지만 일정한 루틴을 따르며 걸작을 만들어낸 것입니다.

plus
α

왜 서서 일을 하면 아이디어가 번뜩이는가?
미국의 실리콘밸리나 북유럽 등의 사무실에서는 서서 일하는 사람들이 자주 눈에 띈다. 이들 회사에는 책상 높이를 바꿀 수 있는 '스탠딩 데스크'가 많이 도입되어 있다. 요즘은 부쩍 한국의 사무실에서도 엿볼 수 있는 풍경이다. 현재, 지나치게 오랫동안 앉아있는 자세가 암이나 뇌경색, 당뇨병의 원인이 될 수도 있다는 사실이 차츰 알려지고 있다. 또한, 서서 일하면 집중력이 높아지며 생산성이 높아진다고도 한다. 이런 헤밍웨이의 습관은 수십 년이나 앞선 것이었다고 할 수 있다.

가장 가까운 가족에게
조언을 구한다

알프레드 히치콕 Alfred Hitchcock(1899~1980) 영국 출생의 영화감독으로, 1939년에 미국으로 이주했다. 그의 이름이 널리 알려지기 시작한 것도 그 이후의 일이다. 대표작으로는 〈반드리카 초특급〉, 아카데미 작품상을 받은 〈레베카〉, 〈다이얼 M을 돌려라〉, 〈이창〉, 〈현기증〉, 〈북북서로 진로를 돌려라〉, 〈사이코〉, 〈새〉 등이 있다. 〈사이코〉는 사이코 스릴러 계열 서스펜스 영화의 원조로도 알려져 있다.

- '나는 아티스트'이다, '이것은 자기표현이다' 하는 자세를 피할 것. 영화로 자기를 표현하기에는 막대한 비용을 들여야 한다. 모두를 즐겁게 하기 위한 비용을 말이다.
- 내 영화는 삶의 한 조각이 아닌, 한 조각의 케이크다.

지금의 알프레드 히치콕을 있게 한 사람

예를 들어, 여러분 중에 이직이나 퇴직을 생각하고 있는 사람이 있다고 해봅니다. 그리고 아내나 남편이 있다면 그런 중대사에 대해 의견을 나누겠습니까?

만약 '서스펜스 영화의 거장'으로 불렸던 알프레드 히치콕이 그런 일로 고민이 된다면, 가족인 아내에게 가장 먼저 조언을 구했을 것입니다. 그는 영화를 제작할 때 아내인 엘마에게 의견을 꼭 구했기 때문입니다.

그에게도 믿을 수 있는 친구나 동료가 여럿 있었습니다. 하지만 작품이 좋고 나쁜지에 대해 가장 솔직한 의견을 말해주는 사람은 바로 아내라고 생각했고, 그녀의 의견을 적극적으로 수용했습니다.

그의 아내 엘마는 조연출 일을 했었기에 영화에 대한 지식이 풍부하여 더 쉽게 조언을 구했다고 볼 수 있습니다. 사실 가족이라도 모든 것을 터놓고 전적으로 신뢰하기란 쉽지 않은 일이지만 알프레드 히치콕은 전적으로 엘마의 안목을 믿었습니다.

1926년에 알프레드 히치콕은 엘마와 결혼했는데, 1939년 미국 할리우드로 건너가면서 여러 방면으로 남편의 촬영을 뒷받침해온 인물이 바로 그녀였습니다.

그의 자전적 요소가 강한 2012년 영화 〈히치콕〉에서 아내 엘마 역할을 맡았던 배우, 헬렌 미렌Helen Mirren은 영화 완성 한참 후에 있었던 〈시네마 투데이〉 인터뷰에서 엘마에 대해 이렇게 말했습니다.

"영화 〈사이코〉 작업에 참여했던 사람 대부분 이미 세상을 떠났고, 당시 엘마를 기억하고 있는 사람은 많지 않았다. 그녀의 키는 겨우 150cm 정도밖에 되지 않았다. 그래서 그렇게 새처럼 작은 여자가 그 큰 히치콕이란 남자를 유일하게 컨트롤 할 수 있었던 인물이라는 사실에 감탄했었다. 엘마에 대한 연기는 그녀의 딸이 집필한 엘마 레빌의 전기를 참고했다. 엘마의 딸은

그림자 같은 존재로 남았던 엄마를 정식 무대로 올려 사람들로
부터 평가받고 싶었으리라 생각된다."

이 인터뷰에서 묘사하는 엘마는 현장에서 남편 알프레드보
다 촬영을 지휘하는 데 뛰어난 솜씨를 가진 프로듀서 같은 느낌
입니다. 영국에서 지내던 시절에는 거장이라고 칭송받으면서도
아카데미상과 인연이 없었던 남편을 다정하게 지지해주던 여성
이었습니다. 히치콕의 영화는 엘마가 있었기에 실현되었다고
볼 수 있습니다.

사실 아내에게 조언을 구하는 영화 감독은 많다?

영국의 영화감독 크리스토퍼 놀란Christopher Nolan도 알프레드 히
치콕과 비슷한 삶을 살고 있습니다. 그의 두 번째 작품인 〈메
멘토〉로 미국의 저예산 영화 시상식 인디펜던트 스피릿 어워즈
Independent Spirit Awards 등에서 수상한 그는, 이후 〈배트맨〉 시리즈의
감독으로 발탁되어 유명 감독의 반열에 들었습니다.

크리스토퍼 놀란은 1997년에 아내 엠마 토마스와 결혼합니
다. 후에 두 사람은 그의 작품을 다루는 영화 제작사를 설립하
고, 함께 합심하여 영화 제작에 임하고 있습니다.

크리스토퍼 놀란은 그녀에 대해서 "그녀의 의견은 모두 수용
한다. 결코, 논란거리도 없고 일거리를 집으로 가져가는 일도
없다."라고 말해, 아내로서뿐만 아니라 프로듀서로서도 전폭적
인 신뢰를 하고 있음을 알 수 있습니다.

가족과 같은 일을 하고 있는 사이라 해도, 고민을 털어놓거나 업무에 도움을 받는 것은 쉽지 않을지도 모릅니다. 하지만 누구보다 자신에 대해 잘 알고 있고, 가장 현실적인 도움을 줄 수 있는 것도 가장 가까운 가족일 것입니다. 어려움 없이 쉽게 손을 내밀고 도움을 청하는 것은 가장 쉬운 성공의 지름길입니다.

알프레드 히치콕식 '서스펜스 만드는 법'

히치콕은 서스펜스 만드는 방법에 대해 이렇게 말한다. "영화 속 세 명의 남자는 폭탄이 설치돼 있다는 사실을 모르는데, 관객은 그 사실을 알고 있다. 남자들은 시답지 않은 이야기를 하는데, 관객은 그 대화의 평범함에 오히려 애를 태운다. 폭발 직전에야 한 남자가 여기서 나가자고 하는데, 다른 한 사람이 그것을 만류한다는 식이다. 이런 대화들이 관객을 조마조마하게 만들고, 결국 보는 사람들은 '제발 방에서 좀 나가!'라고 바라게 된다. 그런 표현을 하는 것이 '서스펜스'이다." 스크린 속 남자들과 그들을 바라보는 관객들이 갖는 엇갈린 기분의 차이가 서스펜스, 즉 긴장감이 된다. 광고 크리에이터도 이런 표현 방법을 도입하여 광고를 제작하는 경우가 많다.

사용할 사람의 '이미지'를 떠올리고 일에 착수하라

혼다 소이치로本田宗一郎, Honda Souichiro(1906~1991) 혼다Honda Motor Company의 창업자이자 사업가이다. 그는 1948년에 혼다 기연공업 주식회사를 설립한다. 자전거의 보조 엔진을 시작으로 오토바이 제조 부문에도 진출했다. 1964년, F1 레이스에 참가해서 세계적으로 '혼다'의 이름을 알렸다. 1973년에는 '회사는 한 집안의 것이 아니다'라는 말을 남기며 사장직에서 물러났다. 혼다는 가장 존경하는 인물로, 그가 수습사원으로 일했던 시절의 자동차 정비소 아트 상회 사장의 이름을 꼽았다. 혼다 소이치로는 일에 대한 열중과 일에 대응하는 임기응변 실력을 이 회사에서 배웠다고 했다.

> 수요가 있어서 만드는 것이 아니다. 우리가 수요를 만들어낸 것이다.

아내의 쇼핑을 돕고 싶다는 바람에서 완성된 슈퍼커브

혼다 '슈퍼커브' 모델은 2018년에 탄생 60주년을 맞이했습니다. 우편배달원과 국수 가게 직원 등 간단한 이동 수단을 이용하는 모두가 탄다고 할 정도로 유명한 일본의 국민 오토바이입니다.

슈퍼커브는 1958년 시판 이래, 2017년 세계적으로 생산 누계

대수가 1억 대(시리즈 합계)를 돌파했습니다. 원래 혼다 소이치로가 '아내의 쇼핑을 도와주고 싶다'고 절실하게 원했던 것이 이 작은 오토바이가 만들어진 계기였습니다.

전쟁이 끝난 후, 자신이 운영하는 회사를 매각하고 자유의 몸으로 지내던 그는, 어느 날 아내가 자전거를 타고 멀리까지 장을 보러 가는 모습을 보게 됩니다. 그때 '어떻게든 아내를 편안하게 해주고 싶다'라고 생각을 하게 된 그는, 종전 후 방치되어 있던 군대 무전기의 엔진을 자전거에 장착할 생각을 했습니다. 이는 지금의 전기 자전거 같은 형태로 탄생하게 되었습니다.

그의 아내가 테스트용으로 타고 다니는 것을 본 이웃 주민들로부터 요청이 쇄도하였습니다. 그때 만든 개조 엔진이 계기가 되어, 혼다 기연공업 주식회사를 창립하여 1952년에는 슈퍼커브의 초기 모델 '커브F형'을 완성했습니다.

이처럼 물건을 만들거나 계획을 세울 때, 그 물건을 사용할 특정한 '누군가의 얼굴'을 이미지화하면 이해하기 쉽고 뚜렷한 목표가 설정됩니다. 혼다 소이치로의 커브 제조 에피소드는 이를 가르쳐주는 좋은 예시입니다.

슈퍼커브에서 '커브'의 의미
'커브'라는 이름의 유래는 영어로 '맹수의 새끼'라는 뜻의 'cub'에서 따왔다. 작은 엔진이지만 파워가 있다는 것을 어필하기 위해 붙인 이름이다. 당시에는 '슈퍼'라는 단어가 유행했기 때문에 커브 앞에 붙였다고 한다.

음악을 시끄럽게 들으며
일을 진행하다

스티븐 킹Stephen Edwin King(1947~) 미국의 소설가로, 소년 시절부터 공포 소설에 사로
잡혀 대학 1학년 때 첫 작품을 발표했다. 1974년 장편소설 《캐리》를 펴내며 단번에 주
목을 받았다. 이후, 《샤이닝》, 《런닝맨》, 《애완동물 공동묘지》, 《미저리》, 《그린 마일》 등
의 베스트셀러를 출간했다. 그의 작품 대부분은 후에 영화나 TV 프로그램으로 만들어졌
다. 스티븐 킹이 그리는 세계는 크게 두 가지로, '일상에서 만들어내는 공포'와 '거대화되
어 통제할 수 없는 미국의 조직'에 관한 내용이다.

- 문장은 어디까지나 피나는 단어 한 마디 한 마디의 축적이다.
- 매일 꼬박꼬박 쓰지 않으면 머릿속 인물이 생기를 잃는다.
- 독자는 대부분 문학적 가치로 작품을 선택하지 않는다. 비행
  기에서 어깨가 결리지 않게 부담 없이 읽을 수 있는 소설을 사
  는 것이다.

'모던 호러의 개척자' 스티븐 킹의 방법은?

　《캐리》, 《샤이닝》, 《그것》 등의 호러 작품 외에도, 《스탠 바이
미》, 《그린 마일》같은 감동을 주는 작품도 다루는 스티븐 킹은
모던 호러의 개척자입니다. 그가 써낸 이야기는 전 세계로 번역
되었으며, 인기가 높은 소설가입니다.

그의 장편소설 《캐리》의 원고가 1973년에 출판사에 팔리면서, 프로 소설가로 커리어를 쌓기 시작한 지 대략 반세기가 되었습니다. 그는 어떤 루틴으로 소설을 쓰고 있을까요?

그가 직접 쓴 《유혹하는 글쓰기》에 의하면, 오전에는 진행 중인 작품 활동을 하고, 오후에는 낮잠과 편지 답장 쓰기, 밤에는 독서를 하고 가족과 단란한 시간을 보낸다고 합니다. 그리고 남은 시간에는 메이저리그 보스턴 레드삭스의 TV 중계를 보거나, 혹시 급한 일이 생기면 그 일을 먼저 끝냅니다. 이와 같은 그의 일과로 미루어보아, 집필 시간은 오전 중으로만 한정되어 있습니다.

또한 스티븐 킹이 집필 활동을 하면서 중요하게 여기는 것은, 서재나 글을 집필하는 공간의 바람직한 형태입니다. 그는 글쓰기 책에서 이 부분에 관해 이렇게 말하고 있습니다. "가급적이면 서재에 전화는 없는 게 좋다. 창문은 커튼을 치거나 블라인드를 내린다. (중략) 모든 작가에게 해당하는 부분이겠지만, 특히 신인 작가는 어수선하게 만드는 것은 모두 배제해야 한다." 이와 같이 집필에 방해가 되는 사물을 배제해 스스로가 산만해지는 요소를 없앤다고 합니다.

그리고 그가 일하는 데 있어서 항상 빼놓지 않고 하는 행동이 있는데, 바로 음악을 시끄럽게 틀어놓고 쓰는 것입니다. 그는 에이씨디씨AC/DC나 건즈 앤 로지즈Guns N' Roses라는 하드록 밴드를 좋아하는데, 가장 좋아하는 가수는 메탈리카Metallica라고 합니다. 메탈리카는 전 세계적으로 팬이 많은 헤비메탈 밴드입니다. 왠지 스티븐 킹과 하드록이나 헤비메탈은 언뜻 어울리지 않는 이미지인 것 같지만, 스티븐 킹에게는 이런 음악들이 집중하는 데 큰 효과를 준다고 합니다.

실제로 음악을 들으며 일을 하는 사람들은 알 수 있는데(특히 이어폰을 끼고 들을 경우), 적당한 음량으로 음악을 듣다 보면 '듣고 있는데 아무것도 들리지 않는 상태'가 될 때가 있습니다. 예를 들어 일이 어느 정도 진행되어서 음악에 집중을 해보려 하면, 이미 트랙이 다 끝나있다거나 하는 경우를 경험한 적 있을 것입니다.

스티븐 킹은 이를 '문을 닫는 수단 중 하나'라고 표현합니다. 여기서 말하는 '문'이란 실제 문이 아닌 '마음의 문'이라고 이해하면 될 듯합니다. 이는 스티븐 킹만의 '글을 쓸 때 세계를 몰아내는 방법'이라고 볼 수 있습니다.

소설가가 되기 위한 중요한 두 가지

스티븐 킹은 소설을 쓸 때 절대 게을리해서는 안 되는 것으로, '잘 읽고 잘 쓰기'를 꼽았습니다. 그는 연간 70~80권의 책을 읽는다고 하는데, 대부분이 소설입니다. 이는 글쓰기의 밑거름으로 삼기 위해서가 아니라 순수하게 읽는 것을 좋아하기 때문이라고 합니다.

하지만 책을 읽으면 무언가 작품 활동에 영향을 주는 부분이 있는 게 당연한데, 특히 '완성도가 부족한 작품에서 배우는 것이 많다'고 합니다. 이 말인즉슨 서투른 작품은 '해서는 안 될 것'을 가르쳐주기 때문인데, 그가 이를 반면교사로 삼는다는 것입니다.

또한 그에게는 일상의 루틴 외에 정해진 휴가 루틴도 있다고 합니다. 그는 겨울이 되면 플로리다에서 지내곤 하는데, 그의 휴가 취향은 단순합니다. 미국과 캐나다에서 무난한 숙소로 유명한 특정 호텔에서만 항상 숙박하고 체인 레스토랑 한군데에서만 식사하는 것을 즐긴다고 합니다.

"나를 기쁘게 하는 건 쉽다. 책을 읽을 수 있는 의자가 있는 호텔 방만 마련해 준다면, 그것만으로도 아주 행복하다."고 합니다. 이처럼 스티븐 킹 같은 세계적인 베스트셀러 작가에게는 심플하면서도 확고한 루틴이 있다는 것을 알 수 있습니다.

독서를 빠르게 끝내는 방법

독서를 빠르게 끝내는 요령은 다음과 같다. ①단어를 하나씩 읽지 않는다, ②시선을 되도록 빨리 움직인다, ③머릿속에서도 입술을 움직이지 않는다. 즉, 글의 겉으로 드러난 뜻이 아닌, 책이 전하고 싶은 의미를 정리하고 파악해(①), 하나하나에 눈을 멈추지 않고 읽으면서(②) 머릿속에서 말을 '입 밖에 내지 않는'(③) 것이 중요하다. 그리고 1분 안에 얼마만큼 읽을 수 있는지 시간을 재보고, 스스로 독서의 속도를 파악해두는 것도 좋다.

먼저, 아침에 그날 쓸
첫 문장을 정한다

윌리엄 서머셋 모옴 William Somerset Maugham(1874~1965) 영국 국적의 소설가 겸 극작가이다. 작품으로는 《달과 6펜스》, 《케이크와 맥주》 등이 있다.

욕조에 몸을 담그고 그날 일에 대해 구상한다

서머셋 모옴의 집필 시간은 오전 중의 서너 시간뿐으로, 하루에 1,000~1,500단어를 썼다고 합니다. 아침에 욕조에 몸을 담그고 그날에 쓸 첫 문장을 정하면, 그 후에는 책상에 앉아 일에 몰두했습니다.

그는 사람의 성격에 대해서 "인간이란 누구나 다 흑백이 아닌 회색 같은 존재가 아닌가, 다소 그 회색의 농도가 짙은 사람과 옅은 사람은 있지만." 하고 말했습니다.

서머셋 모옴이 알려주는 '페르시아 융단의 철학'

그는 "페르시아 융단을 만드는 직조공은 어떤 디자인으로 짤지 미리 결정해 놓는 것이 아니다."라고 한다. 검정, 빨강, 초록으로 먼저 색감을 풍부하게 만들어두고, 그 후에 즉흥적으로 자신이 원하는 대로 무늬를 짠다. 이를 인생에 빗대어 보자면, '경험의 모든 것이 자신의 삶을 풍요롭게 한다. 인생에 목표나 목적이 없어도 괜찮다'라는 것이 그가 품은 '페르시아 융단의 철학'이다.

목표를 설정할 때는
너무 낮게 잡지 않도록 한다

미켈란젤로 부오나로티Michelangelo Buonarroti(1475~1564) 이탈리아 태생의 조각가이자 화가이며 건축가이다. 르네상스 회화, 조각, 건축 등 다방면에서 뛰어난 업적을 남겼다. 대표작으로는 조각 〈다비드〉가 있다.

목표를 위해 교황에게마저 반발했던 거장 미켈란젤로

미켈란젤로는 르네상스 시대의 거장으로 유명합니다. 그만큼 완벽한 성향이 강했다고 합니다. 당시 교황 율리우스 2세가 "시스티나 대성당의 천장 벽화는 언제 완성되는가?"라고 묻자, 그는 "다 되었을 때입니다."라고 답했습니다. 이는 미켈란젤로가 이상을 높게 정했기 때문이었습니다. 그는 '인간에게 가장 큰 위험은 목표가 너무 높아서 달성하지 못하는 것이 아니라, 너무 낮은 목표를 달성하는 것'이라고 했습니다.

plus α

'에베레스트 이론'이란?
'에베레스트 이론'이란 '에베레스트산에 오르기로 정하고 준비하던 사람이 후지산에 오르는 것은 간단하지만, 후지산을 오르는 것을 준비하고 있던 사람이 에베레스트산을 등반하는 것은 어렵다'라는 사고방식이다. 즉, 미켈란젤로처럼 목표를 높게 가지는 편이 대응할 수 있는 범위가 넓어진다는 것이다.

항상 객관적인 '나'를 유지한다

빌 커닝햄 Bill Cunningham(1929~2016) 미국의 포토그래퍼로, 2차 대전이 끝난 후 뉴욕에서 스트리트 패션 촬영을 시작했다. 우연히 촬영한 할리우드 여배우 그레타 가르보Greta Garbo의 사진이 《뉴욕타임스》에 실리면서 인기 패션 칼럼 〈온 더 스트리트On the Street〉를 시작하게 된다. 그는 원조 스트리트 스타일 사진작가로 유명하다. 2010년에 미국에서 〈빌 커닝햄 뉴욕〉이 개봉되면서, 자전거를 타고 뉴욕 거리 곳곳을 누비는 모습이 생생하게 촬영됐다.

돈이 가장 값싼 것이다. 자유가 세상에서 제일 값진 것이다.

"최고의 패션은 항상 거리에 있다."

스트리트 패션 스타일 사진의 원조 격으로 통하는 빌 커닝햄은, 87세의 나이로 사망할 때까지 계속해서 현역의 자리에서 촬영을 해온 세계적인 포토그래퍼입니다. 파란색의 프렌치 워크 자켓을 입고 자전거를 타는 모습이 빌 커닝햄의 상징적인 이미지입니다.

뉴욕 거리를 누비며 사진 촬영을 평생의 업으로 삼았던 그가 관심을 가졌던 피사체는 유명인이 아니었습니다. 빌 커닝햄의 삶을 다룬 다큐멘터리 영화 〈빌 커닝햄 뉴욕〉에서, 그는 "드레스를 입은 연예인에게는 관심이 없다. 평범한 옷을 입고 있는 사람들에게 흥미가 생긴다."라고 말했습니다.

빌 커닝햄은 촬영으로 초대된 파티나 쇼의 행사장에서 물을 마시거나 식사를 한 적이 없다고 합니다. '항상 객관적인 나로 존재하기 위해서'였다고 합니다. 촬영 중에 음식을 먹는다면, 셔터를 누를 기회를 놓칠 수도 있고 집중력도 희미해집니다. 그가 일을 시작하기 전에 반드시 미리 식사를 끝냈던 것은 프로로서 당연한 행동이었습니다. 하지만 항상 그렇게 실천하기란 쉽지 않은 일이었을 것입니다.

또한 그는 '돈보다 자유를 우선'으로 하는 생활 스타일을 추구하고 있었으므로, 욕심이나 욕망에 좌우되지 않았습니다. 그가 지내던 아파트 방에는 간이침대와 촬영한 사진을 인화한 네거티브 필름으로 가득한 캐비닛이 전부였다고 합니다.

주머니에 사탕을 넣어 다니던 빌 커닝햄

패션쇼나 파티 행사장에서 촬영할 공간이 없는 경우에도, 그는 빠르게 자신이 있을 자리를 찾아냈다. 그는 사실 주머니에 항상 사탕을 몰래 가지고 다녔는데, 붐비는 자리에서 사진 촬영 공간을 마련하기 위해 옆 사람에게 사탕을 주며 대화를 튼 후에 자리를 옮겨줄 것을 부탁했다.

자신이 가장 돋보이는 방법으로
스스로를 연출하다

마이클 잭슨 Michael Jackson(1958~2009) 미국 출생의 유명 인기 아티스트로, 대중음악 역사상 가장 큰 영향력을 보여주었으며, 전설이었다고 해도 과언이 아니다. 〈스릴러〉, 〈배드〉 등 다수의 대표곡이 있다.

흰색 양말과 짧은 길이의 슬랙스

마이클 잭슨의 습관 중 하나로 무조건 '흰색 양말 신기'가 있었는데, 이는 그의 화려한 춤을 더욱 돋보이게 하기 위한 '연출'이었습니다. 게다가 흰 양말이 도드라지면서도 춤의 선이 잘 보이도록 일부러 슬랙스 길이를 짧게 잘랐습니다. 마이클 잭슨 같은 슈퍼스타도 타고난 재능만으로 반짝이는 게 아니라, 자기 연출을 거듭한 결과로 탄생한 것입니다.

오바마 전 대통령은 왜 자주 팔을 걷어붙였을까?
미국의 버락 오바마 전 대통령은 사람들 앞에서 연설할 때 자주 와이셔츠 소매를 걷어붙이는 모습을 보였는데, 이는 더워서가 아니라 활동적인 모습을 어필하기 위한 자기 연출의 일환이었다. 어떤 나라에서는 무슨 색의 넥타이를 착용하면 지지율이 오르는지 과학적으로 분석하여 그런 내용을 조언하는 컨설턴트도 있다고 한다.

눈앞에 이익을 좇는 대신 멀리 내다보라

조지 루카스 George Walton Lucas(1944~) 영화감독이자 프로듀서이다. 대표작으로는 〈스타워즈〉가 있다. 오늘날 할리우드의 특수효과와 CG 발달에 한 획을 그은 상징적인 인물이다.

자금을 받지 않는 대신에 요구한 것은?

조지 루카스는 〈스타워즈〉를 계약할 당시, 감독 연출료를 낮춰 작품에 추가 자금을 제공받는 대신 영화의 속편과 TV 드라마 제작, 영화에 등장하는 캐릭터로 상품화 권리 등을 영화사에 요구했습니다. '우주를 배경으로 하는 SF영화가 흥행할 리가 없다'며 영화사는 그의 주장을 기꺼이 승낙했습니다. 하지만 이 작품은 세계적으로 크게 흥행하고, 수많은 관련 상품으로 루카스의 회사는 큰돈을 버는 데 성공했습니다.

배우자 마시아 루카스의 영화에 대한 공헌

지금은 각자의 길을 걷게 된 조지 루카스의 전처인 마시아 루카스는 영상 편집자로 〈스타워즈〉 외에도 〈택시 드라이버〉, 〈후보자〉 등에서 활약했다. 마시아는 조지 루카스의 작품에 대해 좋은 조언을 아끼지 않았으며, 조지와 마시아는 같은 일을 하는 동반자로서 서로의 성장에 큰 동력이 되어주었다.

새로운 트렌드는
항상 체크한다

폴 매카트니Paul McCartney(1942~) 영국 출생의 록 뮤지션이다. 전 비틀즈 멤버 중 한 명으로, 베이시스트이자 리드보컬 겸 작곡가이다. 비틀즈 이후에 솔로 활동에서도 두각을 나타내고 있다.

뒤쳐지지 않기 위해 음악에 대한 새로운 정보나 지식을 갖추다

1995년에 폴 매카트니는 록 뮤지션 최초로 영국 왕립 음악 대학의 특별회원이 되었습니다. 록 음악계의 거장이 된 지금도 그는 새로운 음악과 제작 방식에 관심이 많아, 업계에 있는 친구들에게 부탁해 신곡을 담은 컴필레이션compilation(여러 음원을 일정한 주제로 선별하여 하나로 묶어 만든 CD나 앨범 – 옮긴이 주)을 매월 제작한다고 합니다. 75세가 넘어서도 돔 공연을 하는 등, 계속해서 활동적으로 연주하고 있습니다.

세상의 흐름을 알기 위한 '구글 트렌드'

한 분야에서 뛰어난 성과를 거두기 위해 그 분야의 실력을 키우는 것도 중요하지만 트렌드를 읽는 것도 굉장히 중요하다. 세상의 트렌드를 알기 위한 도구 중 하나가 바로 '구글 트렌드'이다. 지금 뭐가 유행하고 있는지 궁금하면, 사이트만 봐도 세상 사람들이 무엇에 관심을 갖는지 알 수 있다.

명함에 만난 날짜와
대화 내용을 메모한다

데이비드 록펠러David Rockefeller(1915~2017) 미국 태생의 은행가이자, 자선 사업가이다. 미국을 대표하는 재벌가인 록펠러 가문의 3세이다.

데이비드 록펠러의 아날로그 비즈니스 테크닉

데이비드 록펠러는 특별 주문으로 제작된 높이 1.5m의 회전식 카드홀더에 약 10만 명의 연락처를 보관했습니다. 카드에 이름, 직무, 전화번호 외에도 대화를 나눈 날짜와 내용까지 적어 두었습니다. 이후에 다시 만난 사람에게 명함에 적어둔 이전 대화 내용을 언급함으로써 인심을 두텁게 얻었습니다. 데이비드 록펠러는 "나의 성공은 신뢰할 수 있는 정보를 지닌 사람과 네트워크를 만들 수 있느냐에 달려있었다."라고 말했습니다.

"말하고 싶은 놈은 말하게 두어라"

101세까지 인생을 보냈던 데이비드 록펠러의 명언 몇 가지를 소개한다. '일을 통해 만드는 것은 돈과 친구', '사무실 밖으로 나갈 것(사업차 누군가와 식사한 횟수가 약 1만 번이 넘는다고 전해짐)', '말하고 싶은 놈은 말하게 두어라', '가족을 위해 행동해라' 이처럼 자신만의 확고한 인생철학을 세워두고 그에 맞게 살기 위해 노력하면 가야 할 길이 뚜렷해진다.

마음에 걸렸던 부분을
'연습 일지'에 적어두기

하뉴 유즈루羽生結弦, Hanyu Yuzuru(1994~) 일본 미야기현 태생의 피겨 스케이팅 선수다. 그보다 먼저 피겨 스케이팅을 배우던 누나의 영향으로 네 살 때부터 스케이트를 타기 시작했다. 2011년, 센다이 시내에 있던 링크에서 연습 중에 재해가 발생해 집과 훈련 거점을 잃었지만, 일본 각지의 아이스쇼에 참가하며 점프를 연마했다. 소치 올림픽(2014년)과 평창 올림픽(2018년)을 연패, 2015년에는 최초로 300점을 넘겨 세계 최고 점수를 기록했다. 2018년에 개인으로는 역대 최연소인 23세로 국민영예상을 받았다.

> 66
>
> 이기고 지는 게 아니라, 높은 곳에 서려고 하는 것이 중요하다.
>
> 99

초등학교 2학년 때부터 쓰고 있는 '발명 노트'

하뉴 유즈루 선수는 프로그램 연기 중에 연속 점프나 4회전 점프, 트리플 악셀 등 고도의 기술들에 계속해서 도전하고 있는 것으로 유명합니다. 그런 그의 기술들을 뒷받침하는 것이 바로 '발명 노트'입니다. 이 노트로 말하자면 그의 연습 일지로, 연습할 때 신경 쓰였던 부분이나 감각, 스피드, 타이밍 등의 느낀 점이 적혀 있습니다.

한 기자가 하뉴 유즈루 선수를 인터뷰한 후에 그 발명 노트에 대해 설명한 적이 있습니다. "초등학교 2학년 때 코치님이 노트를 쓰라고 해서 처음 쓰게 된 게 계기였다고 합니다. 지금도 몸의 움직임이나 타이밍을 정리하여 기록해 둡니다. 하뉴는 그런 능력이 상당한데요. 점프가 성공했을 때의 공통점은 무엇인지, 다리나 팔의 위치 등을 계속해서 메모합니다. 코치님께 듣거나 가족의 이야기를 듣거나 다른 선수를 관찰하는 등, 다양한 자료를 잔뜩 모읍니다."

하뉴 선수는 잠이 들기 전에 이불을 덮고 이미지 트레이닝을 해보고, 아이디어가 번뜩이면 노트에 적기 위해 다시 일어나기도 한다고 합니다. 그럴 때 그는 졸음이 쏟아지더라도 노트에 빠르게 적고 다시 잠자리에 든다고 합니다. 이는 하뉴 선수가 항상 노력을 게을리하지 않는다는 증거입니다. 일류 선수 중에 체조의 우치무라 코헤이内村航平 선수나 축구 선수인 혼다 케이스케本田圭佑 등이 '연습 일지'를 쓰고 있습니다. 그리고 장기계의 천재 소년 후지이 소타藤井聡太도 다섯 살 때부터 '장기 노트'를 쓰며 대국을 정리하여 되짚어본다고 합니다.

plus
α

라이브로 연주하면서
미발표곡을 완성시키다

레드 제플린Led Zeppelin(1968~1980) 영국의 록 밴드로, 멤버로는 지미 페이지Jimmy Page, 로버트 플랜트Robert Plant, 존 폴 존스John Paul Jones, 존 본햄John Bonham이 있다. 1968년 12월, 신인으로는 20만 달러라는 파격적인 계약금을 받고 음반사와 계약한다. 이듬해 발매한 〈레드 제플린2〉로 1위를 차지했다. 1980년에 존 본햄이 사망하면서 해체됐다. 레드 제플린의 특징은 영국을 비롯한 세계 각국의 전통 민속 음악을 수용하면서 음악을 발전시켰다는 점으로 록 음악의 가능성을 크게 넓혀간 밴드였다.

> 첫 리허설에서 연주를 시작한 그 순간, 모두가 본능적으로 알게
> 되었다. 이런 거, 여태까지 해본 적 없어. 들어본 적도 없고.
> ―지미 페이지

한정된 시간 안에 작품을 다듬는 최선책

레드 제플린은 2007년 12월에 한 번의 라이브를 위해 재결성했습니다. 이들은 1969년 1월에 1집 앨범 〈레드 제플린〉을 발매한 뒤 폭발적 인기를 얻었고, 이어 미국에서 2집을 발표한 것은 그로부터 9개월 후인 같은 해 10월이었습니다. 지금이라면 생각하기 어려울 만큼 빠른 제작이었습니다. 게다가 〈레드 제플

린2〉는 차트 1위를 차지할 정도로 퀄리티 높은 음반이었습니다.

어떻게 레드 제플린은 이렇게 '빠른 속도'와 '높은 퀄리티'를 양립할 수 있었을까요?

그것은 레드 제플린이 아직 앨범으로 발표하지 않은 곡들을 투어하며 관객들 앞에서 먼저 선보이고, 라이브 퍼포먼스를 벌이며 곡의 완성도를 즉석에서 높여갔기 때문입니다. 1집이 성공하자 그들이 소속된 음반사 애틀란타 레코드에서는 2집을 하루라도 빨리 내달라는 강력한 요청을 했기 때문에, 지미 페이지역시 '쇠뿔도 단김에 빼라Strike the iron while it is hot'라는 말을 실천할필요성을 느꼈던 것 같습니다.

팬들이 아직 모르는 곡을 라이브로 연주해서 완성도를 높이겠다는 것은 실력에 대한 자부심이 있거나, 어떤 의미로는 선택된 밴드만이 가능한 방법이라고 생각됩니다. 레드 제플린은 이런 방법을 통해서 빠르게 앨범을 발매할 수 있었던 것입니다.

plus α

책을 홍보하는 관점에서 보는 레드 제플린 사고법

책을 판매할 때, 저자나 출판사가 진행 과정이나 내용에 대한 정보를 SNS 등을 통해서 사전에 보여주는 경우가 있다. 이는 정보를 구매자들에게 사전에 전해주면서, 그들의 기대를 부추겨 사전 예약을 받거나 발매 이후 구매로 이어지게 하는 것이 목적이다. 덧붙여 출시 전에 고객으로부터 의견도 구하면서 책을 함께 만들고 있다는 느낌까지 주는 것이다. 어떻게 보면 레드 제플린의 미발표곡을 공연에서 연주하며 완성시키는 방식과 비슷하다고 볼 수 있다.

가족을 위해
자존심을 내려놓고 일하다

요한 제바스티안 바흐Johann Sebastian Bach(1685~1750) 독일의 작곡가이자 오르가니스트로, 독일 바로크 시대의 위대한 작곡가로 평가받는다. 모차르트, 베토벤과 더불어 역사적으로 뛰어난 음악적 업적을 이룩하였다.

자식이 많았던 바흐가 해야만 했던 일

사실 바흐는 자식이 많아 수입을 늘리기 위해 〈커피 칸타타Coffee Cantata BWV 211〉 같은 세속 칸타타(바로크 시대에 성행했던 성악곡의 한 형식 – 옮긴이 주)를 만들었습니다. 또한 저명인사의 장례용 곡이 이른바 임시 수입원이 됐다고 합니다. 당시 연주회는 보통 교회에서만 열렸습니다. 〈커피 칸타타〉는 커피하우스에서의 공연을 목적으로 탄생한 곡입니다. 뛰어난 음악적 업적을 이루어도 수입적인 부분도 소홀하지 않았습니다.

이제는 '부업'이 아닌 'N잡'의 시대

여러 개의 생업을 가지는 것을 'N잡'이라고 한다. '70세까지는 아직 젊은이'라고도 하는 요즘, 돈을 버는 방법을 모색하여 정년 전에 확보해두는 것이 필수다. 예를 들어, 만드는 것을 좋아하는 사람은 판매 플랫폼에 물건을 팔아보거나, 글쓰기를 좋아하는 사람은 인터넷상에서 글을 써보는 등 자신에게 맞는 일을 찾아 해보자.

조건에 한계가 있어도
아이디어로 극복한다

가쓰시카 호쿠사이葛飾北斎, Katsushika Hokusai(1760~1849) 일본 에도시대에 활약한 우키요에(서민 생활을 기조로 하여 제작된 목판화-옮긴이 주) 화가이다. 대표작으로는 〈후가쿠 36경富嶽三十六景〉 등이 있다.

규제를 받던 가운데, 가쓰시카 호쿠사이가 한 일은?

1841년에 있었던 '덴포 개혁(1841년부터 1843년까지 봉건적 농업 사회를 복원하기 위해 실시했으나 실패로 끝난 개혁-옮긴이 주)'에 의해 여성이나 화려한 배우 등을 그리는 것이 규제의 대상이 되자, 가쓰시카 호쿠사이는 두 페이지의 좌우 양면으로 구성된 대담한 삽화를 그린 해설서를 펴냈습니다. 또한, 출판물 안에 차기작에 대해 '조만간 발매 예정'이라는 타이틀을 넣어 광고 효과를 노리는 등 확실히 아이디어가 좋은 사람이었습니다. 그래서 그에게는 일이 끊이지 않았고, 덕분에 90년 장수를 할 수 있었습니다.

가쓰시카 호쿠사이는 왜 아흔세 번이나 이사를 계속했을까?

가쓰시카 호쿠사이는 그림 그리는 것에 너무 집중한 나머지 청소를 못 해서, 살 수가 없을 정도로 집이 더러워지면 아예 새집으로 이사하기를 반복했다고 한다. 가쓰시카 호쿠사이는 그야말로 그림에 일생의 모든 것을 쏟아부었다고 볼 수 있다.

Chapter 2

'마음'을 단단하게
만드는 습관

◆◆

mental

"오늘이 인생의 마지막 날이라면?"
매일 아침, 거울 속 나에게 묻는다

스티브 잡스Steve Jobs(1955~2011) 미국의 사업가로, 애플(前 애플 컴퓨터)의 공동 창업자 중 한 명이다. 1976년에 최초의 컴퓨터 '애플'을, 다음 해에 '애플II'를 발매하고 혁명적 개인용 컴퓨터라는 평가를 얻었다. 1985년에 애플을 떠나게 되었지만, 2000년에 다시 애플의 CEO로 취임했다. 이후에 아이팟, 아이폰, 맥북 에어, 아이패드 등의 신제품을 차례로 시장에 선보여 뜨거운 반응을 일으켰다. 2009년에는 경제 전문지《포춘 Fortune》에서 '지난 10년간 가장 뛰어난 CEO'로 뽑히기도 했다. 2011년 췌장암으로 향년 56세로 사망했다.

- 우주에 충격을 주는 것이 우리의 일이다.
- 세련됨을 추구하면 간결해진다. (레오나르도 다빈치의 말을 인용)
- 늘 갈망하라, 늘 배우라.
- 정말 열정을 쏟아부을 수 있는 일을 찾기 전까지는, 설거지든 뭐든 일을 하는 편이 좋다.

내 안의 목소리에 귀 기울이기

모두에게 큰 충격을 줬던 스티브 잡스의 죽음이 벌써 10년 이상 지났음에도 불구하고, 일하는 방식이나 사고 방식에 대한 분야에서 '스티브 잡스'의 이름을 볼 기회는 아직 많습니다.

2005년 6월에 스티브 잡스가 미국 스탠포드대학 졸업식의 연설에서 했던 자신의 불우한 성장기와 투병 생활 이야기를 통해 그의 인생관을 엿볼 수 있었습니다. 연설을 마무리하면서 했던 "늘 갈망하라, 늘 배우라Stay Hungry, Stay Foolish."라는 말은 지금도 당시의 연설을 상징하는 동시에, 사상가로서의 잡스를 각인시킨 말이 되었습니다. 그에 대해 다룬 책이 아직도 계속해서 출판되고 잘 나가는 요인도 그런 데에 있습니다.

스티브 잡스는 졸업식의 연설에서 그의 독특한 인생관과 함께 매일의 습관에 대해서도 이야기했습니다. 바로 "만약 오늘이 인생의 마지막 날이라면 나는 무엇을 할까?"라는 질문을 매일 아침, 거울에 비친 나에게 묻는 것입니다.

스티브 잡스는 열일곱 살의 나이에 "매일 그날이 인생의 마지막 하루라고 생각하고 살아간다면, 그 생각대로 된다."라는 말을 어디선가 들었다고 합니다. 이는 잡스에게 매우 인상적이었습니다. 그날을 계기로 그는 매일 아침 거울 속 자신에게 "만약 오늘이 인생의 마지막 하루라고 해도, 지금 하려고 했던 일을 할 것인가?" 하고 묻곤 했다고 합니다. 그리고 그 질문에 대해서 거울 속의 자신이 며칠이고 계속해서 '아니다'라는 대답을 한다면, '조금씩 살아가는 방식을 검토하라' 하는 뜻으로 받아들였다고 합니다.

또한, 그는 자신이 곧 죽을 것이라는 생각이 중대한 결단을 내릴 때 가장 도움이 된다고도 말했습니다. 희망이나 자부심, 혹은 실패에 대한 불안감 같은 감정은 '죽음'이라고 하는 인생의 가장 마지막 사건 앞에서는 미미하고 하찮은 것이며, 아무런 의미가 없다고 느꼈기 때문입니다.

졸업 연설이 있기 1년 전인 2004년에 잡스는 췌장암 진단을 받았습니다. 한때는 죽음을 선고받고 어둠 속에서 혼자 울었다고 합니다. 그런 극한의 상황에서 그는 청중 앞에서 자신이 오랫동안 품어온 인생관을 전달하고 싶었는지도 모릅니다.

스티브 잡스는 청중에게 '죽음'에 대해서 다시금 이렇게 말했습니다. "당신의 시간은 한정되어 있습니다. 그러니 거짓된 삶을 살면서 시간을 낭비하지 마세요. (중략) 다른 사람의 생각에 휘둘린 나머지, 당신 안에 존재하는 목소리가 지워지지 않도록 말입니다. 그리고 무엇보다 중요한 것은 자신의 마음과 직감을 따를 용기를 갖는 일입니다. 당신의 마음과 직감은 자신이 진정으로 무엇을 하고 싶은지 이미 알고 있을 것입니다. 다른 것은 두 번째로 미루어 두어도 괜찮습니다."

스티브 잡스는 왜 항상 같은 옷을 입었을까?

흔히 알려진 스티브 잡스의 대표적인 루틴은 '항상 같은 옷을 입는다'는 사실입니다. 그는 항상 이세이 미야케Issey Miyake가 디자인한 블랙 터틀넥과 리바이스 브랜드의 진을 입고 뉴발란스 스니커즈를 신는 스타일로 유명합니다. 똑같은 제품을 여러 개 구비해 계속 입었다고 합니다.

터틀넥의 경우 그의 어깨와 팔 길이를 측정해서 특별히 주문

제작한 상품이었습니다. 일각에서는 그가 같은 옷만 입는 이유가 촉감과 팔을 걷어올렸을 때의 느낌이 마음에 들어서라고 하였는데, 그가 왜 이세이 미야케 옷을 입었는지에 대한 이야기는 따로 있었습니다. 애플의 유니폼 제작을 위해 디자인을 발주했던 것이 계기가 되었습니다. 스티브 잡스가 일본의 소니 공장에 방문했을 때의 일입니다. 직원들이 이세이 미야케가 디자인한 재킷을 입고 있는 모습을 보게 된 그는 애플에도 유니폼이 필요하다고 느껴 이세이 미야케에 디자인을 의뢰하게 된 것이라고 합니다. (하지만 결국 애플에서 유니폼이 채택되지 않았습니다.)

그렇다면 왜 스티브 잡스는 매일 같은 옷만 입었을까요? 그의 말을 빌리자면 '오늘은 어떤 옷을 입을 것인가' 하는 선택에 굳이 머리를 쓰고 싶지 않았기 때문이라고 합니다. 스티브 잡스는 글로벌 기업의 수장이기 때문에 옷차림이 단정해야 했을 것입니다. 하지만 매일 아침 어떤 옷을 입을지에 대해 고민하는 것은 시간 낭비이고, 그런 사소한 결단이라도 뇌에는 부담이 됩니다. 뇌에 부담이 간다는 것은 판단력이 흐려지기 쉽다는 의미입니다. 그렇기 때문에 뇌에 조금이라도 부담을 덜기 위해서 옷을 선택해야 하는 일을 없앤 것입니다.

스티브 잡스식 '프레젠테이션에서 긴장하지 않는 방법'

스티브 잡스는 '선禪'을 수행하였습니다. 사실 그는 10대 시절 인도에서 불교를 접한 이후 대학생에 접어들어 선불교에 매료되었습니다. 그리고 당시 캘리포니아에서 활동하던 오토가와 고분乙川弘文 승려를 만나게 되면서 선의 세계에 깊게 빠져들게 됩니다. 이렇듯 스티브 잡스는 선의 가르침에 따라 명상을 통해 정신을 집중하고 마음을 가라앉히는 법을 터득했습니다.

또한 잡스가 프레젠테이션을 항상 훌륭하게 할 수 있었던 이유는 오직 '제대로 준비하기' 때문입니다. 사실 스티브 잡스는 프레젠테이션 전에 모든 것을 몸에 익히기 위해 몇 번이나 연습을 반복하며 긴장을 줄이고 자신감을 더하였습니다.

예를 들어, 아이맥을 발표할 때 스티브 잡스는 리허설에서 조명을 켜는 타이밍에 계속 집착을 하였습니다. 여러 차례 시도 끝에 간신히 그의 입에서 오케이 사인이 떨어졌고, 그렇게 발표된 아이맥은 전 세계 모두가 갖길 원하는 제품이 되었습니다.

스티브 잡스뿐 아니라 아무리 세계적으로 유명한 기업가라도 프레젠테이션 전에는 긴장합니다. 하지만 그들은 꼼꼼하게 준비해서 스스로 자신감을 갖추며 완벽하게 말할 수 있는 모습으로 변신하는 것입니다.

plus α

마크 저커버그도 똑같은 옷을 입는다

페이스북의 창업자 마크 저커버그 역시 같은 티셔츠를 스물다섯 장이나 갖고 있다. 또한, 특수상대성이론으로 유명한 알베르트 아인슈타인도 똑같은 양복을 여러 벌 갖추고 있었다고 전해진다. 저커버그와 아인슈타인도 그들의 본업에 자신을 100% 쏟아붓기 위해서, 고정된 옷차림을 준비했으리라 짐작한다.

자신을 비판하는 내용을 벽에 붙이고 매일 바라보다

무하마드 알리Muhammad Ali(1942~2016) 본명은 캐시어스 클레이Cassius Clay이다. 미국 프로 복싱 선수로, 헤비급 세계 챔피언이다.

실패했을 때 무너지지 않고 자신을 채찍질했던 무하마드 알리

무하마드 알리는 경기 전 인터뷰에서 트레이너와 함께 "나비처럼 날아서 벌처럼 쏘겠다."라고 외치는 퍼포먼스를 펼쳤는데, 켄 노튼과의 대결에서 패한 후 팬들로부터 '나비는 날개를 잃었고 벌은 침을 잃었다'라는 투서를 받았습니다. 그 말에 자극을 받은 알리는 연습실 벽에 테이프로 투서를 붙여 매일 바라보면서 투쟁심을 북돋우는 근원으로 삼았습니다. 베트남전 징병을 거부하고 정부와 싸웠던 무하마드 알리의 반골 기질답습니다.

plus α

'에고 서치'를 이용해 오히려 반격수로 사용하는 IT 시대의 처세술
인터넷에서 자신의 이름을 검색해 평가를 알아보는 에고 서치는 하지 않는 편이 좋다고들 하지만, 공인들은 오히려 그것을 역이용해 '반격의 기술'로 쓰는 방법이 있다. 바로 스스로를 칭찬하는 것이다. 이름을 입력하고서 어떤 사람의 좋은 점을 SNS 등에 씀으로써 입력한 사람의 평가를 올려 평판을 좋게 하는 것이다. IT 시대의 처세술이라 볼 수 있다.

비록 팔리지 않더라도
매일 계속해서 그림을 그리다

빈센트 반 고흐 Vincent van Gogh(1853~1890) 네덜란드 출신의 화가로, 아버지가 목사였던 그는 자신도 미술상 점원을 거쳐 목사가 되었지만, 결과적으로는 화가가 되는 길을 선택했다. 1886년 파리로 이주하면서, 카미유 피사로 Camille Pissarro와 폴 고갱 Paul Gauguin 같은 인상파 화가들을 알게 되고 그들에게 큰 영향을 받았다. 1888년에는 남프랑스 아를로 이주해, 연작 〈해바라기〉 외에, 〈아를의 랑그루아 다리(도개교)〉, 〈밤의 카페 테라스(원제:아를르의 포룸 광장의 카페 테라스)〉 등 후세에 내려오는 작품들을 완성했다. 1890년, 그는 권총 자살을 기도하고 이틀 후에 생을 마감했다.

> ❝
> 비록 내 인생이 패전이라고 할지라도, 나는 끝까지 싸우고 싶다.
> ❞

"매일은 일, 일을 하며 흘러간다."

'태양의 화가'라고 불리는 빈센트 반 고흐는 전 세계적으로 인기가 높습니다. 통설에 따르면 '그의 그림 중 생전에 팔린 작품은 한 장뿐'이라고 전해지지만, 이는 사실이 아니라고 합니다. 네덜란드의 반 고흐 미술관 주임연구원이 연구한 바에 따르면, 고흐가 생전에 여러 장의 그림을 팔았던 사실이 밝혀졌습니다. 즉, '빈센트 반 고흐는 화가로서 완전히 부정되었다'라는 설은 잘못된 것이지만 그 역시 몇 장에 불과하다고 전해집니다. 그의 화가 인생이 채 10년이 되지 않았다는 점을 미루어보면, 당시 그를 화가로 평가하는 사람이 많지 않았다는 점은 분명합니다.

하지만 그는 자신의 불우한 환경에도 굴하지 않고 매일 그림을 그렸습니다. 빈센트 반 고흐가 동생 테오에게 보낸 편지에는 이렇게 적혀 있습니다. "오늘도 오전 7시부터 오후 6시까지 일했다. 그동안에 움직인 거라고는 한두 걸음 정도 음식을 가지러 갔을 때뿐이야."

고흐는 10년의 짧은 화가 인생에서, 약 2,000장이 넘는 유화와 스케치를 그렸다고 합니다. 1년에 200장 정도의 작품을 그렸던 고흐는, 피로를 느끼는 일 없이 차례차례 작품을 완성했습니다. 그는 또 편지에 자신의 루틴에 대해서 이렇게 말했습니다. "매일은 일, 일을 하며 흘러간다. 인생이란 그런 것이다."

비록 화가로서 평가받거나 인정받지 못하였지만, 본인이 좋아하는 일을 지속해나가던 반 고흐는 마침내 인정을 받아 세계적으로 유명한 화가로 이름을 알리게 되었습니다.

plus
α

작심삼일이 되지 않기 위한 마음가짐
'운동과 다이어트가 작심삼일이 되었다'는 사람들을 주변에서 흔히 볼 수 있다. 이런 사람들에게 하고 싶은 말이 있다. 너무 열심히 하지 말 것. 너무 열심히 하면 지속하는 것이 고통이 될 수 있다. '목표를 높게 설정하지 않기', '다른 사람에게 자신의 목표를 선언하지 않기'라는 규칙 등을 세워 가볍게 시작해보자. 과정에 재미를 느끼기 시작하면 오래도록 지속할 힘을 얻을 것이다.

시선을 떨구지 말고
고개를 들어 별을 바라보라

스티븐 호킹Stephen William Hawking(1942~2018) 영국의 이론물리학자로, 1962년 옥스퍼드대학을 졸업한 뒤에 케임브리지 트리니티 칼리지에 진학하여 학위를 취득했다. 1963년 낙상을 거듭해 전문의에게 검사받은 결과, 근위축성 측색 경화증ALS 진단을 받고 2년의 시한부 선고를 받았다. 하지만 이후 치료에 힘쓰며 동시에 과학자로 세상에 이름이 알려지기 시작했고, 1988년에 《시간의 역사》를 출간하며 전 세계적으로 베스트셀러가 됐다. 2018년 사망했다.

> 66
> 만약 인생이 재미있지 않다면 그것은 비극이다.
> 99

삶을 포기하지 않은 스티븐 호킹 박사

스티븐 호킹은 2018년 3월, 76세의 나이로 사망했지만, 지금까지도 현대를 대표하는 과학자로 유명합니다. 그는 어려운 상황에서도 유머 넘치는 발언으로도 널리 알려져 있습니다.

스티븐 호킹은 젊은 시절 근위축성 측색 경화증을 진단받고 휠체어 생활을 해야만 했지만, 그는 '시선을 떨구지 말고 고개를 들라'라는 말을 항상 의식하며 생활했습니다. 그는 미국 ABC TV와의 인터뷰에서 이렇게 말했습니다.

"발아래로 시선을 떨구지 말고 고개를 들어 별을 바라보라. 그리고 일을 포기하지 말아라. 일은 당신에게 의의와 목적을 주고, 그것이 없다면 인생은 텅 비어버리기 때문이다. 마지막으로 운 좋게 사랑을 찾았다면, 사랑이 거기에 있다는 사실을 잊지 말고 내던지거나 하는 일을 만들지 말아라."

그는 평생 수많은 명언을 남겼지만, 모든 것은 거의 음성합성 장치를 통해서 만들어졌습니다. 그가 남긴 말들은 인생을 포기하지 않고 노력한 끝에 만들어진 귀중한 말입니다.

그의 첫 번째 아내였던 제인에게 "세상의 모든 것에는 목적과 사명이 있다."라는 말을 듣고서 인생을 받아들이게 되었습니다. 그녀의 말에 마음이 움직인 스티븐 호킹은 난치병이 진행되더라도 기죽지 않고 살던 대로 살 것을 결심합니다. 이는 그가 21세 이후의 인생을 보너스로 여기면서도, 아직 끝내지 못한 것들에 대해 도전하고 싶어 했기 때문입니다.

plus α

어째서 밤하늘을 올려다보면 치유되는 것일까?

사회심리학 교수 우스이 마후미碓井真史 교수에 따르면 밤하늘을 올려다보는 것은 사람의 마음을 치유하는 효과가 있다고 한다. 방의 형광등 불빛에서 벗어나서 밖으로 나가 밤하늘 아래에 서서 먼 곳을 봄으로써 눈의 근육이 이완되는 물리적인 효과 외에도, 밤하늘이라는 큰 존재를 의식하면서 인간관계라는 사소한 문제를 잊고 스트레스에서 해방되는 심리적인 효과도 있기 때문이다. 스트레스가 쌓였다고 느껴진다면 밖으로 나가서 밤하늘을 바라보자.

라이벌의 성공을
진심으로 바라다

타이거 우즈 Tiger Woods(1975~) 미국의 프로 골프 선수로 본명은 엘드릭 톤트 우즈Eldrick Tont Woods이다. 자칭 '타이거'라는 애칭은 아버지가 참전했던 베트남전 전우였던 한 장교의 이름에서 유래했다고 한다. 2009년에 갑작스레 일어난 스캔들 파동 이후, 왼쪽 무릎의 통증까지 재발하면서 세계 랭킹 50위를 밑돌며 슬럼프에 빠졌지만, 2012년에 '아놀드 파머 인비테이셔널Arnold Palmer Invitational'에서 화려하게 재기에 성공했다. 이후에도 허리 부상 등으로 경기장을 잠시 떠났지만, 2017년 투어에 복귀하여 2018년 9월에는 PGA 투어 선수권에서 5년 만에 우승을 달성했다.

- 첫 번째 적은 내 안의 초조함이다.
- 경기 막판의 중압감 속에서 최고의 샷을 성공시킨다. 이 스릴은 무엇과도 바꿀 수 없다.
- 골프에 지름길은 없다. 인생도 마찬가지다.
- 반격에 늦은 것은 없다.

타이거 우즈가 진정 원했던 "존, 넣어라!"

　타이거 우즈는 소년 시절부터 아마추어 기록들을 경신하며 마스터스 토너먼트Masters Tournament에서 21세 3개월이라는 최연소의 나이로 우승하고, 24세 6개월이라는 최연소 나이로 그랜드

슬램을 달성하는 등 파죽지세로 골프계에 이름을 날리며 일약 스타덤에 올랐습니다. 이후 세상을 떠들썩하게 만든 스캔들로 인기는 실추됐지만, 이후 부활에 성공하며 2018년에는 투어 선수권에서 우승했습니다.

타이거 우즈는 세 살이라는 어린 나이에 하프를 48타로 돌았다고 하는데, 타이거 우즈는 어떻게 골프를 잘할 수 있었을까요? 골프는 특히 정신력이 경기에 큰 영향을 주는 스포츠인데, 타이거 우즈의 플레이를 뒷받침하는 사고방식 중 하나가 '라이벌의 성공을 바라는 것'입니다.

일반적으로는 골프를 하며 라이벌에게 적개심을 드러내며 홀이 빗나가길, 공이 경계선을 벗어나길 바라고 실패를 기대하지 않을까요? 하지만 타이거 우즈는 다릅니다. 그와 함께 라운딩하고 있는 상대 선수가 공을 치려는 순간 이렇게 기원합니다. "넣어라!" 하고.

2005년 아메리칸 익스프레스 챔피언십 마지막 날, 타이거 우즈는 존 댈리John Daly와 우승을 놓고 경쟁했습니다. 그는 플레이오프 때 자신의 라이벌이었던 존 댈리의 퍼팅 성공을 진심으로 바랐습니다. 바로 직전에 자신이 멋지게 퍼트를 했기 때문에, 존이 빗나가면 우승이 결정되는 순간이었음에도 말입니다.

결과적으로 존은 퍼트를 놓치고 타이거 우즈가 우승했습니다. 하지만 타이거 우즈는 우승 인터뷰에서 기쁨을 표현하지 않았습니다. 왜 그는 기뻐하지 않았을까요? 바로 '존이 퍼트를 놓쳤기 때문'입니다. 그는 진심으로 상대 선수가 홀에 공을 넣기를 바라고 있었던 것입니다.

타이거 우즈가 이런 사고방식을 갖게 된 것은 영재교육을 해주었던 아버지의 영향이 큽니다. 아버지 얼 우즈Earl Woods는 전미군의 육군 대령으로, 미 육군 소속의 특수부대 출신이었습니다. 그곳에서는 어떤 상황에서도 살아남을 수 있는 힘을 기르기 위해서 '적의 성공을 기원한다'는 사고가 철저하게 이루어졌다고 합니다. 아버지는 그런 전투용 노하우를 아들에게 전수했던 것입니다.

경쟁자가 나약한 상대라면 자신 또한 약해질 뿐입니다. 상대가 강해져야 나 또한 강해질 수 있습니다. 타이거 우즈 아버지의 가르침은 그런 교훈을 전달합니다.

뇌는 정직하다, 속일 수 없다

뇌신경외과 의사인 하야시 나리유키林成之 말에 따르면, 뇌는 이기고 지는 것에 집착하게 되면 '나를 지키고 싶다'라는 본능, 자기보존본능이 강하게 작용하게 된다고 합니다. 그래서 '이겼다!' 하고 생각하는 순간, 뇌의 기능이 떨어지는 일도 있다고 합니다.

2008년 베이징 올림픽 남자 100m 달리기 결승에서 가장 강력한 금메달 후보였던 자메이카 육상 선수 아사파 포웰Asafa Powell은 75m까지 선두를 달렸지만 결국 5위를 했습니다. 왜 갑자기 그는 속도를 잃었을까요? 레이스가 끝난 후 인터뷰에서 그는 이렇게 답했습니다.

"75m쯤에서 이겼다고 생각하는 순간에 옆 선수의 발이 앞으로 나오는 것이 보였다."

포웰의 뇌가 이겼다고 느끼는 순간에 몸은 안도하고 움직이기를 멈춘 것입니다. 그러므로 타이거 우즈처럼 경쟁자의 성공을 기원하며 '나는 아직 이기지 않았다'라고 계속해서 뇌를 인식시켜야, 우승이 결정될 때까지 전투에 임하는 상태를 유지할 수 있는 것입니다.

하야시는 뇌의 성격에 대해 이렇게 말합니다. "뇌는 정직합니다. 그리고 뇌를 속일 수는 없습니다. 따라서 학습 효과를 높이려면 뇌가 가진 본능과 버릇을 숙지해야 합니다."

'헬퍼스 하이Helpers High'란 무엇인가?

달리기 선수가 러닝 중에 황홀감이나 도취감을 경험하는 것을 '러너스 하이'라고 부르는데, '헬퍼스 하이'라는 말도 있다. 이는 남을 돕거나 남에게 친절함을 베풀면서 자신이 행복감을 느끼는 것이다. 남을 도움으로써 도파민 같은 물질이 뇌에 분비되어 행복을 느낄 수 있게 된다고 한다.

반대로 타인에 대해 질투를 느끼거나 상대를 험담하게 되면, 코르티솔cortisol이라는 불쾌 물질이 분비된다. 코르티솔은 '스트레스 호르몬'이라고도 하는데, 생체에는 필수적인 호르몬이지만 만성적으로 다량이 분비되면 불면증이나 우울증에 걸린다고도 한다. 헬퍼스 하이를 잘 이용해서 행복감을 느껴보자.

하루의 끝에 반드시
그날의 행동을 되돌아보다

스즈키 이치로鈴木一朗, Suzuki Ichiro(1973~) 프로 야구 선수이다. 1991년 오릭스 블루
웨이브에 입단해, 2000년까지 7년 연속 퍼시픽리그에서 타율이 가장 좋은 타자인 수
위타자에 올랐다. 2001년에는 메이저리그로 진출, 시애틀 매리너스에 입단하면서 일
본인 야구선수로는 첫 메이저리거가 됐다. 2004년에는 종전의 연간 최다안타 기록을
84년 만에 경신하는 262안타를 쳤고, 2016년에는 역대 30번째로 메이저리그 통산
3,000안타도 달성했다.

• 항상 두려움과 불안, 중압감을 안고 있다. 즐거움만으로는 프
  로의 세계에 있을 수 없다.
• 정상으로 가려면 결국은 조금씩 작은 것을 쌓아가는 수밖에
  없다. 그 이외에는 방법이 없다.
• 배팅이라는 것은 실패가 전제되기 때문에, 절대로 동기부여를
  잃는 일은 없다.

'하루 단위'로 매일을 산다

2018년 5월 초, 시애틀 매리너스의 이치로 선수는 해당 시즌
에 플레이하지 않고 회장 특별고문으로 이동하여 팀을 어시스
트 하는 보직이 되었습니다. 하지만 2019 시즌은 현역 복귀를

목표로 매일같이 동료들의 플레이를 보면서 타격 머신과 티 타격 연습을 소화합니다.

2001년부터 메이저리그에서 활약하고 있는 이치로 선수를 메이저리거로서 수많은 업적을 남기게 만든 것은 바로 정해진 '습관' 덕분입니다. '매일 아침 카레 먹기', '시합이 있는 날의 기상부터 취침까지 정해진 루틴 따르기', '타석에서 투구를 맞이할 때 몸짓 계산대로 하기' 등 세간에 알려진 이치로 이미지의 대부분은 그의 습관이 만든 것임을 알 수 있습니다.

이외에도 이치로 선수에게는 많은 루틴이 있는데, 그중 그의 멘탈을 유지하는 데 도움이 되는 습관이 있습니다. 바로 '하루 단위'로 매일을 사는 것입니다.

그는 경기를 마치면 글러브를 닦으면서 '어제는 뭘 먹었지?', '잠은 어떻게 잤지?'와 같이 전날의 행동을 통해 그날의 경기에서 있었던 일을 되돌아봅니다. 즉, 그날 일어났던 일은 그날 되돌아보고, 다음 날 행동의 근원으로 삼는다는 말입니다. '찰나'의 순간을 집중해서 산다고 바꿔서 생각할 수도 있습니다. 이치로 선수는 이렇게 행동하면서 매일 전력을 다해 생활하고, 하루마다 멘탈과 체력을 회복시키는 것입니다.

여러분도 하루하루 살아가는 동안에 싫은 일이나 마음에 걸리는 무언가가 생길 수도 있습니다. 그것을 해결하지 않은 채 잠자리에 들면, '그랬어야 했는데…', '그때의 일이 잘못되었던 거야' 하는 등 머릿속에서 이런저런 생각을 반복하게 됩니다. 결국엔 잠을 이루지 못했던 경험이 있는 사람들이 많을 것입니다. 그렇게 고민을 안고 있는 상태로는 깊게 숙면할 수 없고, 그렇게 되면 다음 날의 일상에 차질이 생길 수 있습니다. 이치로 선수처럼 문제점이 생기면 가능한, 다음 날로 미루지 않고 그날 안에 해결하는 것이 중요합니다.

평소의 습관으로 만들어지는 '특별한 일'을 하는 나

이치로 선수는 미일 통산 기록 4,367안타(메이저리그 기록만으로는 3,089안타로 역대 22위)를 기록하고 있습니다. 이런 성적만 봐도 그의 야구 능력이 비범하다는 사실을 알 수 있습니다. 이치로가 천재이기 때문에 이런 숫자를 남길 수 있었던 걸까요?

그건 아닙니다. 이치로는 자신이 할 수 있는 일을 게을리하지 않고, 습관으로 만들었기 때문에 현재의 위치에 도달할 수 있었던 것입니다.

이치로 선수는 자신의 능력에 대해 이렇게 말합니다. "저를 천재라고 부르는 사람들이 있는데, 저는 그렇게 생각하지 않습니다. 매일 피나는 연습을 반복해왔기 때문에 지금의 제가 있다고 생각해요. 저는 천재가 아닙니다."

그가 본격적으로 야구에 뛰어든 것은 열 살 때입니다. 아버지와 함께 집 근처에 있던 배팅센터에 다니기 시작했는데, 연휴로 센터가 문을 닫았던 이틀을 제외하고는 매일 갔다고 합니다. 그의 기술을 뒷받침하는 것은 매일의 연습뿐만이 아닙니다. 이치로는 어렸을 때부터 경기 전날에는 반드시 사전 답사를 위해 경기를 진행하는 야구장에 갔다고 하는데, 꼼꼼한 준비성도 그가 자신감을 갖는 데 큰 도움을 주었습니다.

이치로 선수는 현역 시절에 종종 거리낌 없이 '50세까지 현역으로 뛸 것이다'라고 말했습니다. 자신의 목표를 달성하기 위한 준비를 소홀히 하지 않았습니다.

'아침 카레'도 '아침 국수'도 모두 의지력을 갈고닦기 위한 습관

'이치로는 매일 아침 카레를 먹는다'라는 에피소드에 대해서도 유명한데, 그건 이미 지나간 이야기다. 지금은 식빵과 국수를 먹는다고 한다. 이 역시 식사 메뉴가 항상 똑같고, 원정 가는 지역에서도 식사를 할 때 정해진 식당이 있다고 한다.

이렇게 식사에 관해서도 이치로 선수는 의식적으로 루틴을 지키고 있다. 이런 습관은 단순해보이지만, '자신이 해야 할 일을 지속하는 힘', 즉 의지력 연마에 도움이 되는 방법 중 하나이다. '습관으로 만들어 그것을 계속하는 것'으로 목표를 잃지 않는 멘탈을 갖출 수 있다.

스스로 지루해지기 전에
다음으로 나아가다

마일스 데이비스 Miles Davis(1926~1991) 미국의 재즈 트럼펫 연주자이다. 1949년, 〈쿨의 탄생 Birth of Cool〉을 녹음하며 쿨 재즈의 선두 주자로 주목받았다. 1959년에는 〈카인드 오브 블루 Kind of Blue〉를 제작해 선법을 사용한 애드리브(즉흥 연주)의 가능성을 넓혀 폭발적인 판매 실적을 기록했다. 그 후 명실상부한 '재즈의 제왕'으로 자리 잡게 된다. 1969년에 녹음한 〈비치스 브루 Bitches Brew〉에서는 재즈에 록 요소를 가미해 재즈라는 틀을 넘어선 음악가가 되었다. 1970년대 후반에 있었던 슬럼프 시기를 거치고 1981년에 활동을 재개한다. 이후 〈투투 Tutu〉, 〈두밥 Doo-bop〉 같은 명작을 발표했다.

- 실패를 두려워하지 마라. 실패란 없다.
- 내일을 맞이하면서 아무것도 하지 않는다는 것은, 나로서는 견딜 수 없는 일이다.
- '지금이다' 하는 순간에 '이것이다'라고 생각하는 사람들과 함께 한다면 엄청난 것이 탄생한다.

시대를 타지 않는 마일스 데이비스의 작품

트럼펫 연주자 마일스 데이비스는 재즈 뮤지션으로, 또 '천재'로 이름을 날렸습니다. 〈쿨의 탄생〉, 〈카인드 오브 블루〉, 〈포 앤드 모어 'Four'&More〉, 〈비치스 브루〉 등 그를 대표하는 앨범은 많습니다.

일설에 의하면 모달 재즈의 유행을 알린 마일스의 대표작으로 손꼽히는 앨범인 〈카인드 오브 블루〉는 아직도 연간 40만 장씩 판매되고 있다고 합니다. 그에게 매료된 팬들은 시대를 넘어 지금도 계속해서 늘고 있습니다.

작품을 차례로 변화시켰던 마일스 데이비스의 의도는?

재즈 뮤지션으로서의 마일스 데이비스의 활동은 〈쿨의 탄생〉 발표 이후 여러 가지로 변화했습니다. 〈카인드 오브 블루〉에서는 모달 재즈에 도전했고, 〈비치스 브루〉에서는 어쿠스틱 연주에서 전자 악기 연주로 변화를 시도했습니다. 몇 년간의 슬럼프 이후 1980년대에 활동을 재개한 후로는 힙합과 재즈의 융합을 시도했습니다. 마일스 데이비스가 재즈 음악가라는 인식이 일반적이지만, 실은 그는 한곳에 안주하지 않고 늘 변화를 찾아 음악에 적용했습니다.

그는 계속해서 훌륭한 음악가로 남아있고 싶다면 새로운 것, 또는 그때그때 일어나는 새로운 일에 대해서 항상 열려 있어야 한다고 말합니다. 이는 자신을 성장시키기 위해서는 항상 새로운 것을 계속해서 흡수할 수 있는 상태로 있어야 한다는 말입니다.

마일스 데이비스가 했던 말 중에 "스스로가 자신의 음악에 지루함을 느끼기 전에 다음으로 넘어간다."라는 말이 있습니다.

특히나 일에 있어서 항상 같은 품질을 지속적으로 유지하기란 어렵고, 그럴 수 있는 경우에는 '편하게' 일을 하고 있는 상태라고 보여집니다. 하지만 과연 그런 상태가 좋은 것일까요?

그렇다면 마일스 데이비스는 항상 새로운 것을 흡수하기 위해 어떤 행동을 하고 있었을까요? 여러 사례가 있지만 그중 하나는 '젊은 음악가들과 함께 연주하는 것'이 있습니다. 자신에게 없는 것을 찾아 헤매던 마일스는 나이 많은 음악가들에게 사고방식이나 기술을 배우기보다는 오히려 젊은 음악가들에게서 부족한 것을 얻으려고 했습니다.

그는 재능 있는 젊은 음악가들에게 둘러싸여 연주하는 것을 무척 좋아했는데, 마일스 데이비스가 그들을 가르치는 형식을 취하기는 했지만, 실은 마일스 역시 그들로부터 배우고 있었던 것입니다. 즉, 마일스 데이비스가 먼저 나이 어린 뮤지션에게 기술이나 마음가짐을 알려주고 그것을 통해 그들이 되돌려주는 새로운 에너지를 얻었다고 할 수 있습니다.

그렇기 때문에 마일스는 젊은 뮤지션이 자신과 비슷한 연주를 하는 모습을 보면 슬픔을 느꼈다고 합니다. 일반적으로 다른 뮤지션들은 후배들이 자신의 연주를 따라 하는 모습을 본다면 당연히 '나를 존경하는구나' 하고 느끼겠지만, 역시 천재는 다른가 봅니다. '신선하지 못한 연주를 하고 있군! 아직 젊은데 고리타분한 늙은이를 따라 하고 말이야.' 마일스는 이렇게 느꼈던 것입니다.

직감력이 좋은 사람은 운이 좋은 사람

"'지금이다' 하는 순간에 '이것이다'라고 생각하는 사람과 함께한다면 엄청난 것이 탄생한다." 이는 마일스 데이비스의 명언 중 하나입니다. 이는 마일스가 중요하게 생각했던 '직감'에 대해 말한 것입니다. 그렇다면 그 직감이라고 하는 것은 어떻게 생겨나는 걸까요?

영국 태생의 투자가 막스 귄터Max Gunther는 이렇게 말합니다.

"첫째로 중요한 것은, 직감은 어디까지나 자신의 주위 세계로부터 얻은 정보에서 생겨난다는 점이다. 즉, 관찰로 알게 된 객관적인 사실이 바탕으로 되어있다는 말이다."

자신의 머릿속으로 들어온 정보는 나도 모르게 무의식적으로 축적, 분석되고 있습니다. 정보가 충분히 쌓이고 그것이 적절하게 분석될 때, 직감이 들어맞을 가능성이 커진다고 귄터는 말합니다.

그는 무언가를 직감했을 때에 '알 듯 말 듯' 묘한 기분을 느끼는 것도 그런 이유 때문이라고 합니다. 그리고 직감력이 좋으면 그만큼 적절한 길로 나아갈 수 있게 되고 결과적으로 운이 트이게 되는 것입니다.

마일스 데이비스가 자신의 음악을 변화시켜 나갈 때는 스스로 자신의 음악에 싫증이 났을 때와 자신의 주위의 젊은 음악가들이 모여들었을 때가 겹친 순간이었습니다. 그런 순간에 그는 '지금이다!', '이것이다!' 하고 직감적으로 느끼고 다음 스테이지로 나아갔던 것으로 짐작됩니다.

직감은 우리 모두가 가지고 있습니다. 그 힘을 믿을지 아닐지는 자신에게 달려있습니다. 자신의 직감을 믿기 위해서는 먼저 직감의 능력을 키우는 것이 중요합니다. 직감력은 자신이 경험했던 것들이 충분히 축적되고 정보화되어야 키울 수 있다는 것을 알아두어야 합니다.

늘 자극을 원하던 마일스 데이비스

"변해가야 한다. 그것이 나의 운명이다."라고 항상 생각했던 마일스 데이비스였다. 젊은 연주자들과 협주하며 자극을 받아, 차근차근 다음 단계로 나아갔던 그였지만, 노력하는 일도 게을리하지 않았다. 기니에서 온 아프리카 발레단의 스테이지를 보면서 그는 모달 재즈의 최고 걸작인 〈카인드 오브 블루〉의 발상을 얻었고, 트럼펫 연습을 새벽 기도 올리듯이 매일 한다고 했다. '천재는 노력으로 만들어진다'라는 말의 좋은 예시이다.

정상에 오르는 일을
우선 목표로 두지 않는다

라인홀트 메스너Reinhold Messner(1944~) 이탈리아 출신의 산악인으로, 히말라야 산맥의 8,000m 봉우리 모두를 무산소 등정에 성공했다. 세계적인 등반 기록을 달성하며 역사를 새로 썼다.

인간은 과연 무산소로 에베레스트를 오를 수 있을까?

산악인 라인홀트 메스너는 1978년에 산소통 없이 에베레스트(초모랑마, 8,848m)에 오르며, 인류 최초로 무산소 등정을 성공시켰습니다. 그가 무산소 등정을 고집했던 것은 '과연 인간이 오롯이 자신의 힘으로 최고 지점까지 도달할 수 있을까'라는 의문에 대한 답을 얻고 싶었기 때문입니다. 그래서 그는 혹시 도중에 오르지 못하는 상황이 온다면, 미련 없이 포기하고 되돌아갈 생각으로 오르기 시작했다고 합니다.

공정한 방법으로 오르겠다는 그만의 철학

라인홀트 메스너의 이런 생각은 결과보다는 과정을 중시하는 사고방식이라고 할 수 있다. 그는 등정 전부터 산소마스크를 포함한 어떤 장비도 쓰지 않고 '공정한 방법'으로 등정하겠다고 공언했고, 이를 멋지게 완수했다. 어디까지나 살아남아서 다시 지상으로 돌아오는 것을 최우선의 목표로 삼았던 점이 그를 성공으로 이끈 요인이다.

상대방을 칭찬할 것이 아니라
'내가 부족했다'라고 생각하다

후지이 소타 藤井聡太, Fujii Souta(2002~) 일본 아이치현 태생의 장기 기사棋士로, 2016년 4월부터 9월까지 진행했던 제59회 장려회 3단 리그에 참여하여 18·19회전에서 13승 5패라는 성적을 남겼고, 같은 해 10월 1일에 4단으로 승격되며 프로 기사로 데뷔했다. 14세 7개월의 나이로 프로 기사가 된 가토 히후미加藤一二三의 최연소 기록을 5개월 경신한 14세 2개월의 나이로 프로 기사가 되었다. 이로써 후지이 소타는 일본의 역대 다섯 번째 기록으로 중학생 기사로 등극했다. 2018년 12월에는 사상 가장 빠른 속도로 공식전 통산 100승을 달성했다.

> 학교에서는 어째서 5분이면 알 내용을 45분이나 걸려서 가르치는 걸까?

'자신의 나약함을 절감하게 된다'라는 말에 담긴 이면

그의 습관 중에서 꼭 다루어야 할 것은, 대국이 끝난 후의 회견에서도 대국 상대를 칭찬하지 않는다는 점입니다. 결코 '상대가 강했다'라든지 '굉장했다'라는 말을 하지 않습니다. 그보다는 '내가 부족했다'라든가 '내가 더 실력을 쌓겠다'라고 말합니다. 대국 상대를 칭찬하지 않는 것은 적을 존경의 눈으로 바라보게 되면 도리어 그 사실에 자신이 삼켜질 수 있기 때문이라고 생각했습니다.

이는 후지이 소타가 겸허하다는 면도 있겠지만, 그보다도 그가 승부에 대해 남다른 고집이 있어 지기 싫어하는 것이 영향을 미치기도 합니다.

그가 남긴 명언 중에는 "졌다는 사실을 용서할 수 없다기보다는, 자신의 나약함을 절감하게 된다."라는 말도 있습니다. 막을 수 있었던 실수를 막지 못했을 때는 큰 소리로 포효하는 일도 있다고 합니다.

'단언affirmation'으로 감정과 사고를 컨트롤

주저하지 않고 확실하게 말하는 것을 '단언한다'라고 한다. 자신에게 단언하는 일은 선언하는 것이라고 볼 수 있다. '나는 이런 일을 끝까지 해낸다', '나의 목표는 이것이다' 라는 말을 스스로에게 여러 차례 들려주면서 머릿속에 박히게 만드는 것이다. 현실적인 목표를 설정하고 달성했을 때의 상황을 구체적으로 상상하며 매일 아침저녁으로 외쳐보자. 잘해낸 상대를 보며 상대가 잘했기 때문이라고 자위하지 말고, 스스로 무엇이 부족했고 무엇을 보충하면 끝까지 잘 해낼 것이라고 스스로에게 단언해보자.

아슬아슬한 상황을
즐기려고 한다

데이비드 보위David Bowie(1947~2016) 영국의 록 뮤지션이다. 1970년대 초반 글램 록Glam Rock(퇴폐적인 분위기를 자아내는 록으로, 뮤지션은 현란한 의상을 걸쳤음)이란 장르를 이끌었던 존재로 한 시대를 풍미했다. SF 스토리가 가미된 〈지기 스타더스트Ziggy Stardust〉는 지금도 록 음악계에 한 획을 그은 명반이다. 프로그레시브 록Progressive Rock 이나 크라우트 록Kraut Rock의 영향을 받은 〈로우Low〉, 〈히어로즈Heros〉 같은 작품은 같은 시대에서는 찾아볼 수 없는 특이한 음반이었다.

- 히트곡이 있어야만 인정받는 것 같은 커리어의 가수는 되고 싶지 않다. 1년의 절반은 죽은 것 같지 않나.
- 실패해야 강해진다. 일주일 동안 좋은 실수를 세 번 정도 하지 않았다면, 나에게는 가치가 없다. 사람은 실패에서 배우는 존재다.

제자리에 머무는 것을 두려워했던 데이비드 보위

　　데이비드 보위의 예순아홉 번째 생일 2016년 1월 8일에 새 앨범 〈블랙스타Blackstar〉가 3년 만에 발매되었습니다. 색소폰 연주자 도니 맥카슬린Donny McCaslin을 비롯한 젊은 신세대 재즈 음악가들과 협업하여 재즈, 프로그레시브 록, 포스트 록 등 다양한 요소를 도입하여 완성한 이 작품은, 70세를 앞둔 음악가가 만들었다고는 믿기지 않을 만큼 도전적이었습니다. 팬들은 발매 즉시 뜨거운 반응을 보였습니다.

하지만 앨범이 발매된 지 이틀 후, 전 세계로 비보가 날아들었습니다. 데이비드 보위의 사망 소식이었습니다. 그동안 암 투병을 해왔던 것은 보도됐지만 그의 너무나도 갑작스러운 부고에 팬들은 슬픔에 잠겼습니다.

결과적으로는 유작이 되어버린 〈블랙스타〉 앨범은 데이비드 보위가 생각하는 뮤지션상으로 채워져 있습니다.

그에게 있어서 가장 중요했던 것은 '새로움'이었고, 계속해서 변화해가는 모습이야말로 그가 가장 중요시하고 있었던 점입니다. 1978년 일본을 방문했을 때 했던 인터뷰에서 "음악을 하는 데 있어서 당신에게 가장 중요한 것은 무엇입니까?"라는 질문에 그는 이렇게 답했습니다.

"지금 일어나고 있는 것을 캐치하여 음악에 도입하는 '새로움'이 항상 중요하다. 그래서 나는 계속해서 변해가는 것이다. 모든 게 시간이 지남에 따라 숨 가쁘게 변해가고 있다. 나도 거기에 따라 변해가고 있는 것이고, 눈앞에서 일어나는 변화를 확실히 내 안에서 부각해가는 것이다."

1970년대 글램 록에 길이 남을 업적이 된 앨범인 〈지기 스타더스트〉로 인해서 오히려 '지기'라는 아이콘에 갇혀버린 데이비드 보위에게, 팬들은 지기 연기를 그만두고 거기서 벗어나길 바랐습니다. 그래서 데이비드 보위가 우여곡절 끝에 당도한 곳이,

당시만 해도 동서로 나뉘어져 있던 베를린이었습니다.

데이비드 보위는 베를린에서 세 장의 앨범을 제작하는데, 바로 포스트 록과 크라우트 록의 영향을 받은 〈로우〉, 〈히어로즈〉, 〈로저〉입니다. 지금도 음악가들의 목표가 되고, 많은 이들이 가장 좋아하는 음반으로 꼽는 걸작입니다.

그 후에는 뉴욕에 머무르면서 얻은 영감을 토대로 R&B나 디스코를 대담하게 재해석하여 제작한 〈렛츠 댄스Let's Dance〉와 드럼 앤 베이스 혹은 정글jungle(드럼 앤 베이스의 모체 - 옮긴이 주)을 도입한 〈어슬링Earthling〉, 그리고 다시금 록을 진화시켰다는 평가를 받는 〈더 넥스트 데이The Next Day〉와 〈블랙스타〉까지, 데이비드 보위는 한곳에 계속해서 머무는 일이 없었습니다. 그가 천재 음악가라고 불리는 이유도 앞을 내다보는 능력이 뛰어났기 때문일지도 모릅니다.

리스크와 스릴을 즐길 줄 아는 마인드

이렇듯 데이비드 보위는 전 세계의 음악계를 이끌어가는 존재였던 셈인데, 그의 입장에서 부담감은 없었을까요? 이 부분에 대해서 그는 이렇게 생각했습니다.

"나에게 있어서 리스크나 그에 동반되는 스릴, 그리고 불안정함이야말로 표현의 원동력 같은 것이다. 예전부터 나는 스스로가 아슬아슬한 궁지에 처해 있는 순간에야말로 극한의 기쁨을 느끼는 타입이었으니 말이다."

그는 오히려 죽음과 직면한 상황 쪽이, 살아있다는 사실을 실감할 수 있었고 존재할 의욕이 솟아났다고 말합니다.

교통사고를 당하고 구사일생으로 살아난 경험이 있는 사람이 그 후에 봉사활동을 열심히 하는 사례도 있습니다. 인간은 죽음을 직면하는 상황을 경험하고 나면 생사관이 바뀌는 경우가 있는 것과 같습니다.

데이비드 보위와 같은 경우에는 코카인과 마약에 빠져 작품활동이 어려웠던 적이 있습니다. 이러한 경험들이 새롭게 살아갈 힘이 솟아나게 한 것일지도 모릅니다.

굳이 자신을 죽음과 가깝게 두는 것은 어렵다고 생각되는데, 아슬아슬한 상황에 이르렀을 때를 일부러 의식하고 그 상황을 역으로 즐긴다면, 역경을 극복하는 계기가 될 수 있습니다.

한 발짝 물러선 자리에서 나를 '방관'해보다

초고층 빌딩의 전망대에 올라 지상에 작게 보이는 자동차나 발아래에 떠다니는 구름의 흐름 등을 보고 있노라면, 자연스레 '나는 이렇게나 보잘것없는 존재구나' 하고 느껴본 적 있을 것이다. 그것이 바로 자기를 '방관'하는 상황이다. 일이나 연애로 시야가 극단적으로 좁아져 우울한 상태일 때, 스스로 자신을 객관적으로 바라보는 시점을 가진다면 의외로 쉽게 빠져나오는 걸 느낄 수 있다.

'팬의 기대를 배신하자'라고
굳이 의식하다

이마와노 키요시로忌野淸志郎, Imawano Kiyoshiro(1951~2009) 일본의 록 뮤지션으로, 1968년 록 밴드 'RC 석세션'을 결성했다. 1970년대 초창기엔 포크 스타일이었지만, 점차 록과 R&B 색이 강해지면서 열광적인 팬들을 얻게 되었다. 〈슬로우 발라드スロ─バラ─ド〉, 〈비 갠 뒤의 밤하늘에雨あがりの夜空に〉, 〈트랜지스터 라디오トランジスタ·ラジオ〉 등이 인기를 얻었다. 반원전 운동을 모티브로 한 앨범이나 〈기미가요君が代〉를 편곡한 음반이 발매 중지가 되는 등, 록에 사회 및 정치 문제를 담았던 그의 반항적인 자세가 지금까지도 계속해서 팬이 늘어나는 요인이다.

> 66
>
> 자신의 두 팔만 가지고 먹고 살겠다는 사람이 그렇게 간단히 반성하면 안 된다.
>
> 99

'팬들을 배신하고 싶은 마음이 강하다'라는 말에 숨겨진 속마음

2009년 5월, 이마와노 키요시로는 58세의 젊은 나이에 생을 마감했습니다. 그는 '록 가수'라는 호칭이 잘 어울리는 음악가입니다. 매우 화려한 분장과 현란한 의상으로 무대 위에서 노래하면서, 한편으로는 공사장 헬멧에 선글라스, 마스크를 쓰고 '변장'하여 사회 풍자적 노래를 부르는 등, 록 음악계에 파문을 일으킨 사람이었습니다. 그는 '팬의 기대에 부응하고 싶다'라는 마음보다는 '팬을 배신하고 싶다'라는 마음이 더 컸다고 합니다.

이는 오랫동안 활동하면서 어제까지는 자신의 팬이었지만 오늘부터는 다른 밴드를 좋아한다든가, 만반의 준비를 하고 새롭게 만든 신곡을 발표했는데 팬들에게 받아들여지지 않았던 경험이 많았던 것에서 비롯되었습니다.

"'팬을 소중히 해야 한다' 또는 '고객은 신이다'라는 타입이라면, 절대 그런 일은 할 수 없다. 항상 같은 곡을 끝없이 연주해야 한다. 왕년의 히트곡 메들리 같은 것 말이다. 하지만 머지 않아 그런 것에도 질린 팬들은 역시 떠나버리곤 한다. 그런 팬들에게 얽매이면 이제 새로운 것은 아무것도 시도할 수 없게 된다."

즉 그는 새로운 일을 하기 위해서는 팬의 기대에 자신을 얽매이게 해서는 안 된다고 말하고 싶었던 것입니다. 그래서 그는 록으로 독립할 수 있었고 이름을 알릴 수 있었던 것입니다.

애초에 사람은 '낙천가'가 아닌가?

원래 사람이란 '낙천가'가 아니라는 의견이 있다. 사실은, 내버려 두면 끝없이 나쁜 쪽으로 생각하는 것이 사람이라는 생물의 본질이라고 한다. 오늘날 사람들이 고민이 많아지게 된 원인 중 하나는 자유로워지는 시간이 늘어난 것에 있다. 물론 극단적인 예시이지만, 수렵으로 사냥감을 쫓던 신석기시대의 사람들은 사냥에 바빠서 자유를 누릴 시간은 적었다. 반대로 말하자면 바쁘게 지내면 '지나치게 생각하는' 것을 완화할 수 있다.

혀를 내밀어 긴장을 풀다

마이클 조던Michael Jordan(1963~) 미국의 프로 농구 선수로, 1984년 NBA 시카고 불스에 입단했다. 1984-85년 시즌 신인왕 등극을 시작으로, 1986-87년 시즌 이후 7년 연속 득점왕에 올랐다. 1992년에는 미국 농구 국가대표 '드림팀'의 일원으로 바르셀로나 올림픽에서 금메달을 땄다. 시즌 MVP도 5회 수상했으며, '농구의 신'으로 통한다.

> 나는 선수 생활을 하는 동안 9,000번 이상의 슛에 실패했다. 지금까지 거의 300게임을 졌고, 26번이나 결정적인 슛을 놓쳤다. 나는 살아오면서 계속 실패를 거듭했다. 그것이 내가 성공할 수 있었던 비결이다.

플레이 도중에 왜 혀를 내미는가?

마이클 조던은 경이로운 체격 조건을 갖춘 플레이어로 전 세계 팬을 열광시켰던 전 프로 농구 선수입니다. NBA를 그만두고 도전했던 메이저리그에 실패하고, 그 후 다시 들어간 NBA에서 득점왕으로 복귀한 천재입니다.

그의 대명사라고 하면 나이키 브랜드 신발 중 '에어 조던Air Jordan'의 로고이기도 한, 공중을 질주하는 듯한 슈팅 모습입니다. 또한 그의 경기 영상을 자세히 보면, 그가 플레이하는 도중 종종 혀를 내민다는 것을 알 수 있습니다. 슛할 때뿐만 아니라 드리블 중에도 마찬가지였습니다. 왜 마이클 조던은 경기 중에 혀를 내밀었을까요?

혀를 내밀게 되면서 어금니를 강하게 깨무는 일이 없어, 상체에 힘을 빼고 편안하게 플레이할 수 있었기 때문입니다. 이를 악물게 되면 힘이 들어가면서 몸도 굳어져 버립니다. 마이클 조던은 가드(정확히 슈팅 가드)라는 넓은 시야가 필요한 포지션을 맡고 있었지만, 동시에 드리블을 하면서 골대로 돌진하는 포워드와 같은 역할도 했기 때문에 빠른 판단과 임기응변, 그리고 가벼운 움직임이 필요했습니다. 그러기 위해서는 몸을 반응하기 쉬운 상태로 만드는 것이 중요했습니다.

그가 어렸을 때 할아버지가 "혀를 내밀면 좋은 플레이를 할 수 있다."라고 조언해주었던 것이 혀를 내밀게 된 계기라고 합니다. 할아버지는 혀를 내미는 것으로 굳은 몸이 풀어지는 효과를 알고 계셨던 것입니다. 할아버지의 조언을 받아들여 빠르게 적용해 좋은 결과를 이끌어내었습니다.

일하는 중에도 혀를 움직여서 긴장을 푼다.
'혀 내밀기'는 마이클 조던이 경기 중에 했던 동작이지만, 사실 일하는 도중에 이 행동을 해도 효과가 있다. '일정에 쫓겨 긴장하고 있다'고 느껴지면 혀를 내밀어 움직이거나, 앞니 밑동 부분에 혀를 밀착시키면 효과가 있다.

남을 따라하기보다
자신만의 스타일을 찾는다

코코 샤넬Coco Chanel(1883~1971) 프랑스 출생의 패션 디자이너로 '샤넬'의 설립자이다.
20세기의 여성 패션의 혁신을 선도하여 여성들 사이에서 엄청난 인기를 끌었다.

샤넬 모드를 탄생시킨 보육원 생활

　어린 시절 어머니와 사별한 코코 샤넬은 행상 일을 하던 아버지에 의해 언니들과 함께 보육원에 맡겨집니다. 하지만 보육원의 획일적이고 조잡한 옷에 질린 코코 샤넬은, 혼자 다른 스타일을 만들어 입곤 했습니다. 성인이 되어서도 그녀의 그런 습관은 변하지 않았습니다. 코르셋이나 기장이 긴 치마가 유행하던 시대에 움직이기 쉬우면서 세련되고 다른 사람과는 차별화된 자기만의 스타일을 만들어내, '샤넬 모드'를 탄생시켰습니다.

70세가 넘은 나이에 패션계로 복귀한 코코 샤넬

70세를 넘긴 코코 샤넬은 무섭게 등장한 신인 디자이너 크리스찬 디올에 대한 적개심으로 15년간의 침묵을 깨고 정식으로 패션 무대에 복귀한다. 그 당시에는 패배했지만, 복귀 이후의 작품이 3년이 지나고 미국 등지에서 재평가되면서 '지난 50년간 가장 큰 영향력을 준 디자이너'로 뽑혔다.

목표를 달성하기 위해
'제일 갖고 싶은 것'을 설정한다

우사인 볼트Usain Bolt(1986~) '라이트닝 볼트lightning bolt'라는 별명을 가진 자메이카의 육상 선수이다. 2008년 베이징 올림픽에 혜성처럼 등장하여 세계적인 신기록을 달성하였다. 심지어 결승선 직전에 여유롭게 세리머니 하는 모습까지 보여 유명세를 탔다.

고된 훈련을 극복하는 방법은?

인류 역사상 가장 빠른 스프린터sprinter(육상이나 수영 등에서 단거리 선수를 이르는 말 – 옮긴이 주)인 우사인 볼트는 연습 중 해이해지는 자신을 느낄 때면 스스로에게 이렇게 묻곤 했습니다. "내가 더 원하는 건 뭐지? 제일 갖고 싶은 건 뭘까?" 자동차나 옷 등, 뭐든 갖고 싶다는 생각이 드는 것을 떠올리며 훈련에 동기를 부여하는 유도제로 삼았습니다.

연습 도중 몸에 통증을 느낄 때면 이를 '넘어서야 할 순간'으로 받아들이고 오히려 아픔과 친해지려 했다고 합니다.

의욕의 '스위치'를 쉽게 켜기 위해서는?

'일이 힘들다'라는 느낌이 들 때, 기억해두면 좋은 것이 있다. 바로 '무엇을 위해 일하고 있는가?'를 생각해보는 것이다. 가족, 생활, 보람 등 이유는 여러 가지가 있을 수 있다. 예를 들어 '가족이 불편함 없이 살 수 있도록'이라는 구체적인 이미지를 떠올리면 의욕의 '스위치'를 켜기가 수월하다.

mental 38

처음 만나는 약속 장소에
지도를 가져가지 않는다

하부 요시하루羽生善治, Habu Yoshiharu(1970~) 일본 사이타마현 태생의 장기 기사로, 초등학교 1학년부터 장기를 두기 시작하여 1985년에 역대 세 번째 중학생 프로 기사로 데뷔했다. 1989년 첫 타이틀(용왕)을 차지했다. 이후 1996년에는 일본의 장기 타이틀 전 총 여덟 개 중 사상 최초로 7관왕을 획득했다. 정형에 얽매이지 않는 만능선수로 어디에도 빈틈이 없다. 상대의 전법에 맞춰서 장기를 두며 종반終盤에 경이적인 강세를 보이는 등, 그만의 강점은 '하부 매직'이라고도 불린다. 2018년에 국민영예상을 받았다.

- 중압감은 그 사람이 지닌 그릇만큼 가해지는 것이다. 그릇이 크다면 압박감을 느낄 일이 없다.
- 상식을 의심하는 데서 새로운 생각과 아이디어가 나온다.

'나침반'이 듣지 않는 상황에 나를 몰아넣는다

장기계에도 정보기술 발달의 물결이 밀려오면서 새로운 수(전법)가 등장하고, 그것이 유행하는가 싶더니 어느샌가 죄다 연구되고 알려져서 쓸 수 없어지는 현상이 최근 10여 년간 지속되었습니다. 현재는 기보(바둑이나 장기의 대국 기록 ─ 옮긴이 주)의 데이터베이스가 정비되어 있고 대전도 인터넷이나 TV로 자주 중

계되기 때문에, 전법을 정보로 저장해두는 일이 쉬워졌습니다.

하지만 하부 요시하루는 이런 상황에 대해서는 전혀 비관적인 모습을 보이지 않았습니다. 그는 한 잡지 인터뷰에서 이렇게 말했습니다.

"대량의 정보에 접할 기회가 많다는 것은 자신의 머리로 생각해 과제를 해결해가는 시간이 적어진다는 말이기도 하므로, 그 부분이 조금 신경이 쓰입니다."

하부 요시하루가 중요하게 여기는 것은 '야생의 직감'입니다. 장기에서는 과거에 배우고 익힌 것이 전혀 도움이 되지 않는 경우가 종종 있습니다. 이를 들어 하부 요시하루가 말하길 '나침반이 듣지 않는 상태'라고 합니다. 그렇게 되면 직감에 의지하는 수밖에 없습니다.

그렇다면 그는 어떤 방법으로 야생의 직감을 익히는 연습을 할까요? '나침반이 듣지 않는 상황'에 일부러 자신을 밀어 넣는다고 합니다.

예를 들어, 하부 요시하루는 처음 방문하는 장소에 갈 때, 지도 없이 외출하는 경우가 많았다고 합니다. "주소에만 의지해서 다른 사람에게 길을 묻거나 헤매면서 직감을 활용하여 걷는 것입니다. 예전에는 그렇게 찾아가는 것이 당연했지만, 지금은 그런 기회를 의식적으로 만들지 않으면 좀처럼 없죠."

더구나 대부분 스마트폰을 가지고 있는 지금은 지도 없이 목적지에 가는 어려움을 피부로 느끼는 사람이 거의 없을 것입니다. 스마트폰이 있으면 현재 위치를 알 수 있는 것은 물론이고,

목적지까지 가는 순서도 알려주기 때문에 헤맬 일이 없습니다. 그렇기 때문에 '야생의 직감'이 발휘되기는커녕 쇠약해지기만 합니다. 이번 주말에 스마트폰 지도 어플 없이 걸어보는 것은 어떨까요. 방치되어 있던 오감이 움직이기 시작할지도 모릅니다.

'잊는 힘'을 기르고 다음을 향해 가다

하부 요시하루가 습관적으로 하는 것이 또 하나 있습니다. 바로 '잊는 일'입니다. 그는 대전에서 이기든 지든, 그 즉시 잊기로 했다고 합니다. 왜냐하면 잊어야 다음으로 갈 수 있기 때문입니다. '잊지 못하기 때문에 바꾸지도 못한다'라고 그는 말합니다.

그는 이를 '잊는 힘'이라고도 표현했습니다. 프로기사니까 기억력이 좋지 않을까 생각하지만, 모든 것을 기억하고 있으면 뇌의 힘이 약해진다고 합니다. 이는 컴퓨터 하드 디스크가 가득 차면 성능이 떨어지는 것과 비슷합니다. 그래서 그는 바로 잊는다고 합니다.

평소에는 하지 않던 일을 해본다

하부 요시하루가 말하는 '야생의 직감'을 기르기 위해서는 '평소 하지 않던 일을 하는' 습관이 도움이 된다. 예를 들어 '항상 내리던 정거장보다 한 정거장 미리 내려서 걸어가기', '다른 부서 사람과 점심 먹기' 등이 있다. 이렇게 함으로써 새로운 일에 도전하는 감각이 뇌의 활성화에도 도움이 될 것이다.

mental 39

하루 두 번 명상으로
긍정적인 기분을 만들다

데이비드 린치 David Lynch(1946~) 미국 출생의 영화감독으로, 대표작으로는 〈엘리펀트 맨〉 등이 있다. 최근에 드니 빌뇌르 감독이 연출하여 개봉하기도 했던, 프랭크 허버트의 SF 소설 《듄 Dune》을 동명의 영화로 1984년에 제작했었다.

45년이 넘도록 한 번도 거른 적 없는 '초월명상'

　데이비드 린치는 부정적인 생각을 없애기 위해서 매일 오전과 오후에 습관처럼 '초월명상(박티요가에 기원을 둔 것으로 명상법)'을 합니다. 1973년 이후 매일 20분씩 45년이 넘도록 계속해 왔습니다. 영화 촬영 중에는 퇴근 후에라도 꼭 했다고 합니다. 데이비드 린치는 영화를 묘사하는 아이디어를 얻는 데도 초월명상의 도움을 받았다고 하며 다음과 같이 말했습니다. "아이디어는 생선과도 같다. 작은 물고기를 잡으려면 얕은 여울에 있어도 괜찮지만, 큰 물고기를 잡기 위해서는 깊게 잠수해야 한다."

초월명상이 가져온 '화이트 앨범'

초월명상의 창시자인 인도의 마하리시 마헤시 요기 Maharish Mahesh Yogi는 그룹 비틀즈와도 인연이 있다. 비틀즈가 인도의 마하리시를 방문한 후에 화이트 앨범이라고 불리는 〈더 비틀즈〉 앨범을 제작하여 크게 흥행했다.

어떤 상황에서도
연습을 소홀히 하지 않는다

나가시마 시게오長嶋茂雄, Nagashima Shigeo(1936~) 프로 야구 선수이자 감독으로, 사쿠라 제1고등학교를 졸업하고 릿쿄대학을 거쳐 1958년에 요미우리 자이언츠에 입단했다. 1년 만에 홈런왕과 타점왕을 석권하고 신인왕에 선정되었다. 1965년부터 1973년까지 일본 시리즈 9연패 달성의 공로자가 되었다. 2,186경기에 출전하여 2,471안타, 444홈런, 1,522타점, 타율 3할 5리의 통산 성적을 남겼다. 2013년 전직 메이저리거이자 제자인 마쓰이 히데키松井秀喜와 함께 국민영예상을 받았다.

> "
> 실패는 성공의 어머니이다.
> „

잘 때도 방망이를 안고 있었던 나가시마 시게오

나가시마 시게오는 1974년 선수 생활 은퇴 후에도 계속해서 '미스터 자이언츠'로 불렸습니다. 1959년 야구 사상 최초의 천황 참관 경기(한신 타이거즈와 승부)에서 끝내기 홈런을 치는 등의 이력으로 보아 운이 굉장히 좋은 것 같지만, 사실 나가시마 시게오도 꾸준한 노력과 습관으로 탄생한 천재입니다.

나가시마와 함께 한 시대를 기록한 구로에 유키노부黑江透修는 그에 대해 이런 말을 했습니다.

"쵸(나가시마를 부르던 애칭 – 옮긴이 주)는 잘 때도 방망이를 안고 잔다. (중략) 그러다가 천천히 슬며시 일어나서는 내 머리 위에서 배트를 붕붕 휘두르며 스윙 연습을 시작한 적도 있다."

배트를 휘두르는 연습에 관한 놀라운 일화도 있습니다. 나가시마는 자택에 있는 '스윙 연습실'에서 스스로 인정할 때까지 연습하지 않으면 잠들기 어려웠다고 합니다. 최고의 스윙을 했을 때 나는 소리가 따로 있다고 하며, 소리에 집중하기 위해 방의 불을 다 끄고 어둠 속에서 배트를 휘두르는 연습을 했습니다.

"배트를 휘두르는 소리가 빠르면 몸이 열려 포인트가 뒤에 남아있다는 뜻이다. 소리를 들으면 전부 알 수 있다."

흥미로운 연습 방법입니다. 시각으로 스윙 동작이 좋고 나쁨을 확인하지 않고 소리로 확인하는 것, 나가시마 시게오는 오감을 이용해서 연습을 했던 것입니다.

plus
α

눈을 가린 채 건축물을 즐기면 얻을 수 있는 효과

2018년 2월, 교토 국립근대미술관에서 시각에 의존하지 않는 미술 감상을 의도로 한 전시가 열렸다. 미술관 내 바닥을 나무 막대기로 두드려 소리를 즐겨보거나, 안대로 눈을 가리고 밖으로 나와 외벽을 만지거나, 소리를 확인하기도 했다. 사람이 얻는 정보의 70%는 시각에서 온다고 할 정도로 눈으로 얻는 정보는 많지만, 그것을 차단했을 때 분명 새로운 감각이 태어난다. 어둠 속에서 나가시마 시게오가 했던 스윙 연습은 인간이 본래 지닌 감각을 예민하게 만드는 효과가 있었다고 생각할 수 있다. 하나의 감각 외에도 다양한 감각을 활용하는 습관을 들이면 한층 더 쉽게 발전할 수 있다.

실패할 수도 있다는 생각은
절대 하지 않는다

베이브 루스Babe Ruth(1895~1948) 미국의 유명 메이저리거로, 보스턴 브레이브스Boston Braves에서 선수 생활의 마지막 시즌을 보냈다. 투수와 타자 역할을 동시에 하는 이도류 (투타 겸업)의 원조이다.

단타나 2루타보다는 홈런을!

'위대한 홈런왕' 베이브 루스는 메이저리거로 22시즌을 보내며 714개의 홈런을 기록했습니다. 베이브 루스도 경기를 하다 보면 삼진을 당하는 일은 당연히 있었지만, 미리 '삼진당할 수도 있다'라는 생각은 절대 하지 않았습니다. 삼진을, 실패를 두려워해서는 아무것도 할 수 없다고 생각했고, 단타나 2루타보다는 홈런을 기대하는 관객들을 위해서 늘 도전을 잊지 않았습니다.

과거나 미래에 얽매이지 않고 지금을 살다

스포츠닥터 쓰지 슈이치辻秀一는 "사회인들 대부분은 결과에 너무 치중한 나머지 종종 마음에 동요가 생긴다."라고 말했다. 그는 '과거나 미래에 사로잡힌 나를 돌아보고 현재를 사는 것'을 생각하는 일이 중요하다고 조언한다.

대중의 긍정적인 평가가
나에 대한 상이라고 생각한다

야마모토 슈고로로山本周五郎, Yamamoto Shugoro(1903~1967) 야마나시현 출생의 작가로, 본명은 시미즈 사토무清水三十六이다. 현재 그의 이름이 붙여진 야마모토 슈고로상이 미시마 유키오三島由夫상과 합해 1년에 1회 발표되고 있습니다.

야마모토 슈고로가 수많은 문학상을 거절한 이유는 무엇일까?

야마모토 슈고로는 서민의 편에 서서 권위에 저항하는 태도를 유지하는 작가였습니다. 왜냐하면 그는 수많은 상에서 수상을 요청받았지만, 종종 거절 의사를 내비쳤습니다. 나오키상, 마이니치 출판 문화상, 문예춘추 독자상 등을 모두 고사하였습니다. 그는 그 이유를 이렇게 밝혔습니다.

"독자들이 쏟아내는 호평 이외에 어떤 문학상이 있을 리 없다." 야마모토 슈고로는 언제나 독자를 의식하고 글을 써나갔던 작가입니다.

'사람의 일생은 전환점투성이다'
지금도 꾸준히 읽히며 사랑받는 작품을 쓴 야마모토 슈고로는 위와 같은 명언을 남겼다. 그가 나오키상을 비롯한 다양한 영예로운 상을 고사한 일도 스스로 '전환점'을 만들려는 포인트에서 비롯되었을 것이라 전해진다.

말에 깃든 힘을 믿고
스스로를 위해 기도한다

도미오카 뎃사이富岡鉄斎, Tommioka Tessai(1836~1924) 에도막부 말기부터 다이쇼시대
大正時代의 남화南画(일본에서 18~19세기에 많은 화가들이 즐겨 그린 회화 양식으로, 수묵
또는 담채로 산수를 부드러운 느낌으로 그리는 화풍-옮긴이 주)파 화가로, 교토 태생이다.
국학国学(에도시대에 일본 고대 문화와 사상 등을 밝히려던 학문-옮긴이 주), 유학, 불교 경
전을 배우고, 메이지시대 이후에는 신사에서 신관을 역임했다. 일본 각지를 여행하며 독
자적인 화풍을 형성했다. 〈무릉도원武陵桃源〉, 〈영주신경도瀛州神境図〉 등의 자유분방한
화풍은 국제적으로 높은 평가를 얻고 있다.

화가도 오래 살지 않으면 좋은 작품을 그릴 수 없다. 요즘에 들
어서야 그럭저럭 그림을 그릴 수 있게 되었다.

—도미오카 뎃사이가 죽기 직전에 남긴 말

매일 마당에 나와 축문을 읊은 이유

도미오카 뎃사이는 '일본 마지막 남화가'라고 불리는 동시에
천재 화가라고 할 수 있습니다. 그가 매일 아침 일어나 행하는
습관은 아내와 함께 마당에 나가 '축문'을 외는 것이었습니다.
축문은 제사를 지낼 때 신에게 외는, 고어로 된 문장을 말합니
다. 즉, 축복의 말입니다.

그렇다면 도미오카 뎃사이는 왜 매일 아침 축문을 읊었을까요? 신관을 역임했던 그의 경험이 큰 이유겠지만, 그 외에 다른 이유도 있었습니다.

바로 '말에 깃든 힘'을 믿기 때문입니다. 사람이 입으로 말을 뱉으면 그 말에는 영력이 깃듭니다. 그것이 말에 깃든 힘입니다. 옛날 사람들은 말에는 영혼이 깃들어 있고, 그 말이 발동하여 곧 실현에 이른다고 생각해왔습니다. 그래서 신에게 '벼가 익게 해주세요'라고 기원함으로써 그 말의 힘이 발동하여 풍년이 든다고 생각했던 것입니다.

이는 지금 우리가 사는 세계에도 적용할 수 있습니다. '입은 재앙의 근원'이라는 말도 있고, 성공한 사람 중에는 긍정적인 사고의 말을 자주 입에 올리는 사람이 많습니다. 도미오카 뎃사이는 '말은 발동하는 것'이란 사실을 알고 있었던 것입니다.

plus
α

일본은 예로부터 '언령言靈으로 번영하는 나라'
일본에서 현존하는 가장 오래된 시가집인 《만엽집万葉集》에서는, 일본을 '언령으로 번영하는 나라'라고 기록하고 있다. 이는 '말에 깃든 주술의 힘으로 행운을 부르는 나라'라는 뜻이다. 언어에 깃든 힘이 우리에게 행운을 가져다주고 있다는 것을 알려준다.

'반성 일기'를 쓰며
나아가야 할 방향을 찾는다

오타니 쇼헤이大谷翔平, Ohtani Shohei(1994~) 메이저리그에 진출한 야구 선수로, 2018년
에는 투수와 타자를 겸업하는 '이도류(투타 겸업)'로 활약했다.

'야구 노트'에 기록한 매일의 반성과 그 대책

　　오타니 쇼헤이 선수는 초등학교 시절, 아버지와 야구에 대한 내용을 담은 '교환 일기'를 주고받았다고 합니다. '야구 노트'라는 이름으로 불렸던 작은 사이즈의 노트에는 '3회까지는 좋은 투구를 할 수 있었다', '높은 공에 손을 댔다'와 같은 자신의 경기를 되돌아보고 쓴 반성의 문장이 적혀 있고, 아버지가 그에 대한 대책이나 조언을 해주는 형식이었습니다. 이것으로 연습에 임하는 의식을 연마할 수 있었습니다.

일기를 쓰면서 얻을 수 있는 효과는?
일기를 쓰는 행위는 단순히 '기록'으로서의 의미와 함께 '감정 정화 작용'이 있다는 사실이 과학적으로 증명되고 있다. 한 학술지에 따르면, 참가자가 15~20분 정도의 시간을 투자하여 일기 쓰는 것만으로도 트라우마나 스트레스가 줄었다고 한다. 이 방법은 특히 암과 같은 중병을 앓고 있는 사람에게도 효과적이라고 한다.

늘 '못 먹어도 상관없다'라는
생각으로 예술을 하다

오카모토 타로岡本太郎, Okamoto Taro(1911~1996) 서양화 화가로, 1970년 만국박람회에서 테마 전시 프로듀서를 맡았다.

다양한 분야에서 빛을 발할 수 있었던 마음가짐

　오카모토 타로는 '예술은 폭발이다'라는 명언으로 알려져 있습니다. 그는 회화나 조각 외에도 무대, 건축, 프로덕트 디자인까지 다양한 예술 장르에서 활동했습니다. 그는 항상 '먹을 수 없다면 굶어도 좋다'라는 마음으로 임했습니다. 전쟁 전 10년 정도를 파리에서 보내며 피카소의 그림에 영향을 받은 오카모토 타로는 돈벌이에 연연하지 않고 망설임 없이 무작정 예술의 세계에 뛰어드는 것의 중요성을 배우면서 그런 말을 했던 것이 아닐까요?

지금까지도 재판再版의 재판을 거듭하는 명작

오카모토 타로는 지금도 사람들의 마음에 꽂히는 말을 많이 남겼다. 그의 저서 《마음에 독을 품고自分の中に毒をもて》,《오늘의 예술今日の芸術》 등은 지금까지도 재판을 거듭해 발행하고 있는 베스트셀러이다. 아직 읽어보지 못한 분이 있다면 꼭 한 번 읽어보길 바란다.

Chapter 3

매일 '자기 계발'을
루틴화 하는 습관

♦♦♦

intelligence

일하는 시간의 20%를
내가 좋아하는 연구에 쓰다

래리 페이지Larry Page(1973~) 미국의 기업가이자 컴퓨터 과학자로, 구글의 공동 창업자 중 한 명이다. 미시간대학 졸업 후 스탠퍼드 대학원에 진학해 컴퓨터 과학에 대해 연구했다. 컴퓨터 과학 교수인 아버지의 영향으로 어려서부터 컴퓨터를 사용하기 시작했다. 1998년 세르게이 브린Sergey Brin과 함께 검색 서비스 업체인 '구글'을 설립하고 초대 CEO로 취임했다. 그가 개발한 '페이지랭크Page Rank'라는 검색 알고리즘은 구글의 성공 요인 중 하나로 꼽히고 있다.

> ❝
>
> 엉뚱한 야망을 품는 편이 오히려 수월하게 나아갈 수 있다.
>
> ❞

구글의 기발한 '20% 법칙'이란?

검색 엔진 서비스 기업 구글은 정보화 사회의 핵심 기업으로 세계의 정점에 서있습니다. 혁신적인 '이미지 검색'은 물론이고 세계 각지의 건물이나 자연을 손에 잡힐 듯이 볼 수 있는 '구글 어스', 무료로 대용량의 메일을 보전할 수 있는 '지메일' 등, 일상생활에서 구글이 제공하는 서비스를 이용하고 있는 사람을 흔히 볼 수 있습니다.

컴퓨터 과학자이기도 한 래리 페이지와 세르게이 브린이 구글의 설립자입니다. 그들을 비롯한 구글 직원들이 소중히 여기는 것이 있습니다. 바로 "나는 무엇에 동기부여를 느끼는가?"입니다. 래리 페이지는 '세상을 바꾸는 방법을 단 한 줄로 설명한다면?'이라는 질문에 이렇게 답했습니다. "엄청나게 신나는 일을 항상 열심히 할 것!"

바로 구글의 '20% 법칙'이 창업자 래리 페이지의 그런 뜨거운 열정을 보여줍니다. 이는 자신의 본업과는 별개로 일하는 시간의 20%를 자신이 좋아하는 연구에 쓸 수 있다는 사내 규칙입니다. 비록 비즈니스에 직결되는 일은 아닐지라도 언젠가는 사업화할 수 있을지도 모른다는 것을 염두에 두고 실행되는 것입니다.

여러분도 자신이 가진 시간 중 20%를 좋아하는 일에 써보는 것은 어떨까요? 여덟 시간 수면으로 환산하면 하루 중 약 세 시간에 해당합니다. 이 시간을 확보할 수 없다면 한두 시간이라도 좋으니 열정을 쏟을 수 있는 곳에 사용해보세요.

plus
α

구글의 인재 채용 방식 '에어포트 테스트airport test'
구글에서는 새롭게 인재를 채용할 때 '에어포트 테스트'를 도입하고 있다. 이는 '비행기 결항으로 공항에서 하룻밤을 함께 보내야 하는데, 그때 밤새도록 이야기 나눌 수 있는 사람인지 아닌지'를 판단하는 테스트이다. 만약 면접관이 '밤새 같이 이야기할 수 있을 것 같다'라고 판단하면 합격이라고 한다.

'나는 아직 여행 중'이라고
생각하고 행동하다

마크 저커버그Mark Zuckerberg(1984~) 세계 최대 SNS(소셜 네트워크 서비스) 기업인 '페이스북'의 공동 창업자이자 회장, CEO로 미국 출생이다. 하버드대학에 재학 중이던 2004년에 룸메이트 몇 명과 'the Facebook'을 시작했는데, 이것이 미국 전체 학생들에게 지지를 받게 되면서 2006년에 일반인에게 공개되었다. '페이스북'은 곧 세계적인 SNS 선구자가 되었다. 2010년 미국 주간지 《타임》의 '올해의 인물Person of the Year'에 최연소로 선정되어 표지를 장식했다. 같은 해에 그를 주인공으로 한 영화도 제작되었다.

- 완벽을 추구하기보다는 먼저 끝내라.
- 나는 매일같이 나에게 묻는다. '내가 할 수 있는 가장 중요한 일을 하고 있는가?'라고.
- 누구나 목적의식을 갖는 세상을 창조하는 것이 우리 세대의 도전이다.

이익을 우선하기보다 '세상을 놀라게 하고 싶다'

마크 저커버그는 GAFA의 한 축을 담당하는 페이스북의 공동 설립자 중 한 명으로 회장 겸 CEO입니다. 페이스북의 2018년 3분기(7~9월) 실적은 매출 137억 달러(약 16조 9천억 원), 순수익 51억 달러(약 6조 2천억 원)로, 매출액은 전년 동기 대비 33% 증가했습니다.

같은 해 7월 26일 미국 주식 시장에서는 페이스북 주가가 전일 대비 19% 하락하면서 시가 총액이 1,194억 달러(147조 3천억 원)나 감소해, 미국 상장기업의 하루 시가 총액 하락 폭으로는 과거 최대치가 되었습니다. 하지만 페이스북은 여전히 'SNS 강자' 자리를 유지하고 있습니다.

2011년 3월에 미국 브리검영대학의 한 강연에서 마크 저커버그는 젊은 기업가들에게 이런 메시지를 전했습니다. "마음속 깊은 곳에서 열정을 불태울 수 있는 것을 찾자."

그가 페이스북을 만든 것은 '페이스북'이라는 공간을 사용해서 '세상을 깜짝 놀라게 하고 싶기' 때문이었습니다.

따라서 그는 목표를 회사 수익보다는, 사용자를 얻는 데 두었습니다. 이런 그의 생각은 '페이스북' 주주들의 비판을 받았지만, 그는 전혀 개의치 않았습니다. 마크 저커버그는 이렇게 말합니다. "회사를 경영하고 싶은 것은 아니다. 회사에서 무언가를 하는 편이 일을 진행하기 편할 뿐이다."

그래서인지 그는 회사 생활뿐만 아니라 일상생활도 단순하게 지냅니다. 오랫동안 작은 임대 아파트에 살면서, 침대 대신 바닥에 놓아둔 매트리스를 사용했습니다. 또한 항상 입고 있는 회색 셔츠는 그의 트레이드마크가 되었습니다. 마크 저커버그가 이런 생활 스타일을 계속해서 유지하면서 자산의 절반을 기부하는 것도, 모두 자신의 경제적 욕심보다는 사용자를 위해 열의를 쏟고 있기 때문입니다.

페이스북 사내에 걸린 네 가지 슬로건

예카테리나 월터의 《저커버그처럼 생각하라Think Like Zuck》에 의하면 페이스북 사내 곳곳에는 네 개의 슬로건이 포스터나 스티커로 걸려 있다고 합니다. '완벽보다는 완료', '신속하게 행동하고 상식을 깨라', '한눈팔지 않고 열심히 계속해서 새로운 기능을 투입하라', '이 여행은 아직 1%밖에 진행되지 않았다'.

첫 번째 '완벽보다는 완료'라는 슬로건은 '완벽을 추구하기보다는 먼저 끝내라'라는 그의 명언을 그대로 따른 것임을 알 수 있습니다. '신속히 행동하라'라는 메시지도 다른 회사보다 빠르게 일을 진행하지 않으면 점유율을 빼앗을 수 없는 현대 사회의 비즈니스를 반영한 것입니다.

여기서 주목하고 싶은 것은 네 번째의 '이 여행은 아직 1%밖에 진행되지 않았다'라는 슬로건입니다. 사원들은 이 내용을 페이스북이 성공한 요인으로 꼽습니다. 매주 새로운 프로그램을 도입하기 위해서 일요일에 성과물을 제출하고 화요일에 공개되는 루틴을 지키며, "항상 현재 진행형인 페이스북다운 리듬이다. 모두가 이것이 우리 회사가 일하는 방식이라고 이해하고 있다."라고 말합니다.

여러분은 어떠한가요? 어떤 일을 마쳤을 때 "나는 가진 힘을 100% 썼다!"라고 자신만만하게 생각하지는 않을까요? 물론 스스로를 칭찬하는 것은 중요한 일입니다. 하지만 뇌는 "이제 됐다!"라고 '만족'하는 순간에 생각하는 것을 그만둡니다.

뇌 과학 학문은 뭔가 새로운 일을 시도하거나 어려운 일을 해결하려고 하면 뇌 내 뉴런이 보다 더 강한 결합을 만든다는 사실을 증명하고 있습니다. 즉, 뇌는 부하가 걸리는 쪽이 잠재력이 올라간다는 말입니다.

페이스북 사내에 걸린 슬로건에 '우리는 아직 여행 중이다'라는 자각을 요구하는 말이 있다는 것은, 그들이 '장래를 강하게 바라보며 일하고 있다'라는 내용을 의미합니다.

마크 저커버그와 헨리 포드의 공통점

마크 저커버그가 설립한 페이스북은 SNS 인프라를 만드는 데 성공한 회사로, 이를 과거 사례에 대입해보면 자동차 회사 포드를 만든 헨리 포드Henry Ford가 떠오른다. 그는 세상에 '포드 T형'이라는 명차를 선보이고 당시 자동차를 통해 세계를 크게 바꾼 인물이다. 헨리 포드가 최초로 그린 비전은 '모든 인류에게 도로를 개방'한다는 것이었다. 마크 저커버그의 '페이스북'은 헨리 포드의 '포드 T형'에 해당한다고 할 수 있다.

다양한 언어를 배우기 위해
외국인이 많은 장소에 다니다

마윈馬雲, Jack Ma(1964~) 중국의 기업가로, 알리바바 그룹의 창업자이자 회장이다. 중국 본토 사업가로는 최초로 미국의 경제잡지 《포브스》에 이름이 실린 인물이다. 인터넷 플랫폼 서비스 기업인 알리바바의 본사는 중국 저장성 항저우시에 있다. 2005년에 전자화폐 서비스 '알리페이支付宝'를 도입하면서 인기를 얻어, 회사는 중국 최대의 인터넷 통신판매 업체로 성장했다. 또한, 알리바바 창업 직후에 손정의(일본 소프트뱅크 그룹 회장)가 2,000만 달러를 투자하면서 마윈은 소프트뱅크 그룹의 이사로 취임하기도 했다.

> 미래를 예측하는 최적의 방법은 그 미래를 스스로 만드는 것이다.

마윈이 영어를 배우기 위해 자주 드나든 곳은?

2014년 9월에 마윈은 자신이 창업한 '알리바바'가 미국 뉴욕 증권거래소에 상장되며 중국 제일의 부호가 되었습니다. 현재 중국 내에서는 모바일 결제 흐름이 빠르게 퍼지고 있는데, 그 계기를 마련한 것이 알리바바 그룹의 전자화폐 서비스인 '알리페이'입니다. 2017년에는 일본 소프트뱅크의 손정의에 이어 IT 기업 경영자로는 두 번째로, 당시 미국 대통령이었던 도널드 트럼프와 면담하는 등 세계에서 가장 유명한 인물 중 한 명이 되었습니다.

마윈은 원어민처럼 유창한 영어를 구사하는데, 그는 중국에만 있으면서 영어를 익혔습니다. 그는 어떻게 영어를 배웠을까요? 호텔에 오는 외국인 관광객을 대상으로 무료로 관광 가이드를 자청해서 영어를 배웠다고 합니다. 그가 영어에 관심을 가지게 된 것은 12세 무렵인데, 당시는 영어를 배우기 위한 교재도 마땅한 것이 없었고, 가르쳐주는 곳도 극히 적었습니다. 그래서 그는 아침 일찍 자전거를 타고 샹그릴라 호텔에 매일같이 드나들며 외국인 관광객을 붙들고 가이드를 했던 것입니다. 마윈은 관광 가이드를 9년 동안 계속했다고 하는데, 그의 유창한 영어 실력은 그 당시 노력 덕분이라고 할 수 있습니다.

1988년, 항저우 사범대학을 졸업한 마윈은 항저우 전자공업대학에서 강사로 일하며 영어와 국제무역 수업을 담당했습니다. 동시에 마윈이 설립한 후판대학에서 '영어 동호회'를 만들어 번역 업계에도 이름을 알리게 되었습니다.

마윈이 말하는 '하루 24시간 사용법'

마윈은 젊은 청년들에게 강연할 때, 하루 24시간 사용법에 대해 구체적으로 설명한다. 그의 말에 따르면, 24시간을 여덟 시간씩 세 가지(길을 걷기, 침대에서 자기, 일하기)로 나누어 쓴다고 한다('길을 걷기'는 잠자는 시간과 일 이외의 모든 것을 바꿔말한 것). 그는 자기 강연을 듣는 젊은 청년들에게 이렇게 큰 소리로 격려한다. "그 일을 하면서 즐겁지 않거나, 하는 일이 걱정스럽다면 일을 바꿔라."

마지막 장면부터 생각하다

스티븐 스필버그Steven Spielberg(1947~) 미국의 영화감독이자 제작자로, 소년 시절부터 8mm 비디오 영화를 제작했다. 1969년에 유니버설과 전속 계약을 맺고 〈죠스〉, 〈미지와의 조우〉, 〈레이더스〉, 〈E.T.〉, 〈쥬라기공원〉 등으로 영화 흥행 기록을 이어나갔다. 영화 〈쉰들러 리스트〉는 아카데미 작품상과 감독상을 비롯해 수많은 상을 받았다. 1998년의 〈라이언 일병 구하기〉도 높은 평가를 받으며 두 번째 아카데미 감독상을 받았다. 2001년에는 영국 오락 산업에 크게 공헌한 바를 인정받아 영국 정부로부터 명예 기사 작위를 받기도 했다.

- 나는 밤에 꿈꾸는 게 아니라 온종일 꿈꾼다. 나는 살아가기 위해 꿈을 꾼다.
- 실패는 피할 수 없다. 도리어 성공은 피해서 온다.
- 우리는 모두 매일 다른 사람이다. 나는 일생을 통틀어 같은 사람이라고 생각해본 적 없다.

스티븐 스필버그는 어떻게 '빨리 찍기'가 가능할까?

스티븐 스필버그는 1975년 〈죠스〉를 시작으로, 수많은 유명 작품들을 감독, 제작했습니다. 관객을 즐겁게 만드는 그의 솜씨 덕분에 '할리우드의 프린스'라고 칭송되기도 합니다. 지금까지도 여전히 현역에서 영화 제작에 활동적으로 매진하고 있습니다.

스티븐 스필버그는 '영화계의 거장'으로 이름을 날리고 있는데, 거장답게 특징이자 장점을 가지고 있습니다. 그의 특징은 '빨리 찍기'입니다. 두 번째로 아카데미 감독상을 받았던 전쟁 영화 〈라이언 일병 구하기〉조차도 두 달 만에 촬영을 마쳤다니 놀라운 일입니다.

그렇다면 스티븐 스필버그는 어떻게 뛰어난 작품을 빨리 찍을 수 있는 걸까요? 그 이유는 그가 영화를 찍을 때 이미 마지막 장면을 머릿속에 떠올리고 있기 때문입니다. 즉, 그는 각본을 쓸 때 이야기를 시작부터 쌓아 올려 만들지 않고 마지막부터 거꾸로 만드는 것입니다. 마지막 장면을 확실히 정한 후에 작업을 진행하기 때문에 나침반이 가리키는 방향은 이미 정해져 있습니다. 덕분에 스토리 전개를 고민할 필요도 없고 작업은 비교적 수월하게 진행되는 것입니다.

예를 들어, SF 판타지 작품 중 손꼽히는 걸작이자 감독으로서 스필버그의 원점이라고도 부를 수 있는 작품인 〈미지와의 조우〉를 촬영할 당시에도 그는 외계인과 인류가 교신하는 마지막 장면을 맨 처음으로 썼습니다. 그 장면을 썼을 때, 스필버그에게는 이미 결말을 평화롭게 하고 악당은 한 명도 나오지 않는다는 이미지가 있었다고 합니다.

'별을 보고 있으면 나쁜 상상이 떠오르지 않는다'라는 것이 마지막 장면을 잔잔하게 만들었던 그의 생각이었습니다. 스티븐 스필버그는 마지막 장면이 이미 자신의 머릿속에 있기 때문에, 촬영 도중에 길을 좀 돌아가게 되더라도 크게 연연하지 않았습니다.

베트남 전쟁 관련 비밀 문서인 '펜타곤 페이퍼'를 다룬 〈더 포스트〉에 출연한 톰 행크스는 스티븐 스필버그의 즉흥적인 디렉션 수완에 감탄하며 이렇게 말했습니다.

"누구라도 처음에는 스티븐의 촬영 방법에 놀란다. 그는 우리 눈앞에서 이야기를 쌓아 엮어 나간다. 그것이 스티븐이 일하는 방식이다."

이렇듯 모든 일에 마지막 장면을 생각하는 것은 그 결말까지 이르는 길에 방황을 줄이고 보다 빠르게 결말에 도달할 수 있게 한다는 것을 알려줍니다.

스필버그가 직접 전수하는 스토리를 만드는 요령

톰 행크스가 '스필버그는 눈앞에서 이야기를 쌓아 엮어 나간다'고 말했듯이 그는 이야기를 만들어내는 데 능숙합니다. 그렇다면 그는 도대체 어떻게 이야기의 영감을 얻을까요?

최근 일본을 방문했을 때, 한 행사에서 스필버그는 이렇게 말했습니다.

"상상력은 온라인에서 살 수 있는 게 아니며, 뭘 마시거나 먹으면 나오는 것도 아니고, 그냥 거기에 있는 것입니다. 상상력이 없는 사람은 없습니다. 중요한 점은 상상력에 항상 열린 마음으로 대하며, 아이디어가 떠오르면 반드시 적어두는 것입니다. 그러면 일상생활 속에서도 스토리가 생길 수 있습니다."

그는 소년 시절부터 이야기 만들기를 좋아해서 세 명의 여동생에게 매일 밤 무서운 이야기를 지어내 들려주었습니다. 그는 지금까지도 변함없이 일곱 명의 아이가 잠들어 있는 네 개의 침실을 돌아다니며, 모두에게 각기 다른 이야기를 들려준다고 합니다.

항상 자신의 머릿속에서 이야기 만들기를 게을리하지 않기 때문에 계속해서 영화계의 거장으로 남아있을 수 있는 것입니다.

자신의 직감을 중시하는 스티븐 스필버그

스티븐 스필버그가 살아가는 방식에 있어서 중요하게 생각하는 포인트 중 하나가 '자신의 직감을 믿는 것'이다. 그는 하버드대학 졸업식 연설에서 "'나는 ○○을 할 수 있다'라는 직감에 귀를 기울이세요. 직감이야말로 인간을 정의하는 것이기 때문입니다."라고 말했다. 우리 인간의 의식은 제멋대로 '규칙에 따르라!', '안정된 일을 해라!' 같은 말을 한다. 하지만 그것만 따르다가는 '해야 할 일'밖에 할 수 없다. '잘할 수 있는 일'을 알기 위해서는 직감을 따르면 된다.

고정적인 일을 하면서
창작에 힘쓰다

프란츠 카프카Franz Kafka(1883~1924) 지금의 체코, 프라하에서 태어나 독일어를 사용한 유대계 작가이다. 프라하 대학 재학 중에 막스 브로트Max Brod(프라하 태생의 작가이자 평론가)를 만나 문학에 심취하게 된다. 1917년부터 폐결핵을 앓다가 1924년에 사망했다. 이후 카프카의 뜻을 어기고, 유고 관리자였던 브로트가 그의 유작을 잇달아 발표하면서 전 세계에 '카프카 붐'이 일었다. 대표작인 《변신》은 일상에 섬뜩한 내용을 조합해 환상적인 이야기를 엮어냈는데, 그 외에 《시골의사》, 《심판》 등도 높은 평가를 받았다.

> 66
>
> 역사는 대개 사무적인 일처럼 창작된다.
>
> 99

일정한 직업이 있어서 안정감을 얻는 작가들

유대인 상인 집안에서 태어나 대학에서 법학을 전공한 카프카는 1908년 노동 보험 공단에 취직하여 일을 하면서 틈틈이 소설을 써나갔습니다. 그는 오전 8시쯤부터 오후 2시경까지 보험 공단 사무실에서 일했고, 점심을 먹은 뒤 오후 7시 반까지 잠을 자고 가볍게 운동을 했으며, 저녁 식사를 한 뒤에 다시 오후 10시 반부터 새벽 1시에서 3시 정도까지 집필에 몰두했다고 합니다. 카프카는 폐결핵으로 요절하기 2년 전까지 이런 생활을 계속했습니다.

카프카가 소설가와 직장인, 힘들어도 두 가지 일을 겸했던 것은 먹고 살기 위해서였는데, 이는 다른 소설가도 마찬가지입니다. 노벨문학상을 받은 미국 소설가 윌리엄 포크너는 《내가 죽어 누워 있을 때》를 집필할 때 대학의 전기 발전소에서 관리자로 일하고 있었습니다. 오전 중엔 잠을 자고 오후 시간을 집필하는 데에 몰두하다가 밤에는 일하러 나갔습니다.

포크너는 단편 〈버베나 향기〉에서 "꿈이란, 가까워지면 그다지 안전한 것은 아니다."라고 말하고 있습니다. 이를 통해 글쓰는 것과 직장을 다니는 것에 대한 그의 생각을 엿볼 수 있습니다.

이처럼 하나의 고정적인 일을 통해 안정감을 찾게 되면, 글을 쓰는 행위에서 수익에 의존하지 않게 되어 좀 더 부담 없이 창의적으로 작업을 할 수 있는 것입니다.

plus
α

라이프워크를 찾기 위한 '나'에 대한 질문
경영 컨설턴트 혼다 켄은 라이프워크(필생의 사업)를 찾기 위해 스스로에게 다음과 같은 질문을 한다고 한다. '사람들에게 자주 감사받는 일은 무엇인가?', '30명이 있는 방에 들어간다면 하고 싶은 것은 무엇인가?', '학창시절에 즐거웠던 일은 무엇인가?', '왠지 모르게 포기해버렸던 일은 무엇인가?', '절대 실패하지 않는다는 보장이 있다면 무엇을 하고 싶은가?', '죽기 전에 하고 싶은 열 가지 일은 무엇인가?' 여러분도 스스로 이런 질문을 하면서 라이프워크를 찾아보길 바란다.

한발 떨어진 관점으로
'돈'을 보다

파블로 피카소 Pablo Picasso(1881~1973) 스페인 태생의 화가이자 조각가, 판화가이다. 미술 교사였던 그의 아버지는 피카소의 어릴 적 그림을 보고 다시는 붓을 잡지 않았다고 한다. 가난한 사람들의 생활을 짙은 푸른색으로 그리는 '청색 시대(1901~1904)', 네덜란드 여행 후 서정성이 가미된 '장미 시대(1905~1907)' 등을 거치면서 큐비즘을 창시하였다. 피카소의 큐비즘(20세기 초 프랑스에서 활동한 유파로, 대상을 기하학적으로 형태를 분해하고 재구성하여 입체적으로 표현함-옮긴이 주)은 1907년에 제작된 〈아비뇽의 아가씨들〉에서 시작되었다. 1925년 즈음부터는 초현실주의의 영향을 받아 1937년에 대표작 〈게르니카〉가 완성되었다.

66

• 나는 찾지 않는다. 발견하는 것이다.
• 묘한 얘기지만 나는 어린애 같은 그림을 그려본 적이 없다. 한 번도. 아주 어렸을 때부터 그랬다.

99

피카소는 왜 쇼핑할 때 수표를 사용했을까?

파블로 피카소는 스페인이 낳은 20세기 최고의 예술가입니다. 〈인생〉, 〈아비뇽의 아가씨들〉, 〈거울 앞의 소녀〉, 〈우는 여인〉, 〈게르니카〉 등 그의 대표작은 많습니다. 피카소는 생애 약 1만 3,500점의 회화와 10만 점의 판화, 300점의 조각과 도자기,

3만 4,000점의 삽화를 제작했다고 전해지며, 역사상 가장 다작을 남긴 예술가이기도 합니다.

피카소 작품의 대표작 중 하나인 〈게르니카〉는 1937년에 스페인 내전 중에 스페인 바스크 지방의 소도시인 게르니카가 독일의 비행대의 폭격을 당해 많은 시민이 희생당한 것에 충격을 받은 피카소가 불과 한 달 만에 그린 작품이라고 합니다. 그가 얼마나 조국을 사랑했는지 이 일화를 통해 알 수 있습니다.

20세기 시각 예술에 혁명을 일으킨 파블로 피카소는 '태양의 화가'로 불리던 빈센트 반 고흐와는 달리, 생전에 명성을 얻어 경제적으로 큰 어려움을 겪지 않았습니다.

피카소는 어떻게 예술가로 먹고살 수 있었을까요? 피카소가 돈을 이해하는 방법이 뛰어났다는 것이 그 해답입니다.

야마구치 요헤이가 쓴 책 《왜 고흐는 가난하고 피카소는 부자였을까? なぜゴッホは貧乏で、ピカソは金持ちだったのか？》(국내 미출간)에 의하면, 피카소는 "'돈'의 본질을 꿰뚫어 보고 그것을 활용하는 놀라운 센스를 지녔던 것 같다."라고 평가받고 있습니다. 또한, 책에는 이런 내용도 있습니다. 파블로 피카소는 새로운 그림을 그리면 친한 미술상 수십 명을 불러 전시회를 열었는데, 이는 그들을 무의식중에 경쟁시키는 것으로 이어졌고, 그로 인해 그림의 가격과 피카소의 명성을 동시에 올릴 수 있었다고 합니다.

그리고 그가 일상생활에서 물건을 살 때 아무리 적은 액수의 돈을 내더라도 수표를 즐겨 사용했다고 합니다. 파블로 피카소는 왜 수표를 사용하는 경우가 많았을까요?

이는 피카소가 이미 당시부터 유명한 화가였기 때문에 그가 물건을 사고 수표를 사용하면 거기에 친필 사인이 담기게 되어, 상점 주인이 그것을 돈으로 바꾸는 일이 거의 없었다고 합니다. 그렇다면 피카소는 결과적으로 돈을 내지 않은 것이 되는데, 이는 돈이 어떻게 돌아가는지 잘 알고 있는 피카소였기 때문에 가능한 쇼핑 습관이었습니다.

시간에는 엄격하지만, 돈은 낭비하는 화가들

파블로 피카소가 명성이나 돈을 많이 얻을 수 있었던 이유는 그가 매우 예술을 좋아하고, 또 예술에 대해 진지하게 임한 결과라는 것은 두말할 것도 없었습니다. 그 외에 습관에서도 이유를 찾아볼 수 있습니다.

늦잠 자는 것을 좋아하던 피카소가 탁 트인 넓은 아틀리에를 찾았던 것은 오후 2시쯤이었습니다. 그리고 그는 해가 질 때까지 착실하게 작품 활동을 했습니다. 그림 그리는 것을 마치고 나서는 집으로 돌아와서 말없이 저녁 식사를 하곤 했습니다.

피카소가 파리에 와서 처음 만났던 사랑하는 여인, 페르낭드 올리비에는 "피카소는 식사 중 거의 말을 하지 않았다. 처음부터 끝까지 한마디도 하지 않은 적도 있다."라고 말하기도 했습니다. 이는 단순히 그가 무뚝뚝했기 때문만은 아니었습니다. 추측하건대 그의 머릿속은 당시 진행 중이었던 작품들로 가득했을 것입니다. 그 증거로 페르낭드 올리비에가 피카소는 캔버스

앞에서 서너 시간을 줄곧 서있어도 절대 피곤해하지 않았고 싫증을 내는 일도 없었기 때문이라고 했습니다.

피카소는 이렇게 말했습니다. "화가가 장수하는 이유는 그것이다. 아틀리에에 들어갈 때 나는 문밖에 내 몸을 두고 온다. 이슬람교도가 모스크에 들어갈 때 신발을 벗는 것과 마찬가지이다."

한편 그런 피카소와는 반대로 낭비벽이 있는 화가도 많았습니다. 피카소가 영향을 받았던 프랑스 화가 앙리 드 툴루즈 로트렉Henri de Toulouse-Lautrec은 온종일 술을 마시며 생활했습니다. 일찍 일어나 작품 활동을 하지만, 점심과 저녁에 와인을 마시고, 늦은 밤에 작품을 그리면서 또 와인을 마시는 패턴의 생활을 지속하였습니다. 유흥을 즐겼던 그의 작품은 카바레와 사창가를 모티브로 하여 퇴폐적인 분위기를 띠었습니다. 그렇게 36세라는 젊은 나이에 죽고 말았습니다. 91세까지 장수하였던 피카소와는 큰 차이를 보입니다.

일그러진 인물상과 폭력적 색채를 이용해 '현실의 잔혹함'을 표현한 아일랜드 태생의 작가 프랜시스 베이컨Francis Bacon도 오전의 작품 활동 외 시간에는 화려하게 노는 것을 좋아했고 술을 즐겼다고 합니다. 그 역시 피카소와는 크게 다른 모습이었습니다.

일설에 의하면 피카소의 유산은 한국 돈으로 약 7조 정도 된다고 하는데, 피카소는 예술과 돈, 두 마리 토끼를 다 잡은 희귀한 예술가라고 할 수 있습니다.

돈이 세상에서 사라질지도 모른다!?

앞으로는 돈에 대한 개념이 바뀔 가능성이 큽니다. 지금 세계적으로 가상화폐가 유행입니다. 뿐만 아니라 스마트폰을 이용한 다양한 페이 결제 시스템도 다양해졌습니다. 가상화폐나 전자화폐가 유행하면서 지폐 돈은 찾아보기 힘들어지고, 물건으로서의 돈보다도 신용이나 신뢰를 배경으로 한 돈이 중요해질 것입니다 (가상화폐는 국가 이외의 기관이 가진 신용에 의해서 성립하는 돈).

파블로 피카소처럼 '돈'이라는 것에 대해 한발 떨어진 관점에서 보는 일은 미래를 살아가야 할 우리에게도 중요합니다. 피카소의 수표에 얽힌 에피소드는 이를 가르쳐줍니다.

천재 예술가만이 가지고 있는 '공감각'

파블로 피카소는 돈을 독자적인 감각으로 파악하고 있었다. 화가나 음악가, 작가 등 예술가 중에는 '공감각'을 가진 사람이 비교적 많다. '공감각'이란 '한 감각의 자극으로 인해 다른 지각이 동시에 일어나는 것'을 뜻한다. 예를 들어, 소리를 들으면 색감이 보인다는 '색청色聽'이나 문자에 색이 보이거나 시각 단위로 색감을 파악하는 공감각 등이 있다. 즉 그들은 일반인과는 다른 풍경을 목격하고 있다는 것이다. 이처럼 피카소는 돈을 남들과는 다른 감각을 활용하여 파악하고 있었다고 보여진다.

무슨 일이든 실제로
직접 체험해보다

움베르토 에코Umberto Eco(1932~2016) 이탈리아 태생의 작가이자 언어학자이다. 대표작으로는 1981년에 발표한 《장미의 이름》이 있다.

세계적인 작가라도 꾸준히 노력하다

움베르토 에코는 소설을 구상할 때 명확한 이미지를 구축하기 위해 노력했다고 합니다. 밤중에 파리의 거리를 돌아다니는 장면을 묘사할 때는 직접 새벽 2시부터 3시까지 거리를 걸어다니기도 하고, 등장인물의 캐릭터를 정하기 위해서 모든 인물의 초상화를 그려보기도 했습니다. 덕분에 움베르토 에코의 소설에서 좀 더 캐릭터들이 입체적이고, 장면이 선명하게 눈에 그려지는 것을 느낄 수 있습니다. 세계적으로 유명한 소설가이면서도 노력을 게을리하지 않는 전형적인 예로 꼽을 수 있습니다.

자신에 대한 학회 개최를 거부한 움베르토

2016년 2월, 움베르토는 84세의 나이로 생을 마감했다. '10년간 나에 대해 언급하지 말라'라는 그의 유언 때문에, 볼로냐대학에서는 그의 뜻을 존중해 그의 이름을 딴 학회를 열지 않기로 했다. 그의 뜻은 이러했다. "내가 죽은 뒤에도 온종일 나에 대해 이야기하는 날이 있다는 생각을 하니, 끔찍하다."

일상의 사소한 일을
메모해두다

레오나르도 다빈치 Leonardo da Vinci(1452~1519) 이탈리아의 화가이며 건축가이자 조각
가인 레오나르도 다빈치는 1469년, 아버지와 함께 피렌체로 이주하여 화가이자 조각가
였던 안드레아 델 베로키오 Andrea del Verrocchio 공방에 들어가 그림을 배우기 시작했다.
1482년부터는 밀라노 궁정에서 화가, 건축가, 조각가 그리고 무기 기술자로 활약했다.
1503~1510년에 걸쳐 〈모나리자〉를 제작했다. 1516년 프랑수아 1세에게 프랑스로
초청받아 이듬해 르 클로 뤼세 성 Le Clos Lucé에서 살다가 1519년 5월 그곳에서 생을 마
감했다. 유명 작품으로는 〈최후의 만찬〉, 〈수태고지〉, 〈성 히에로니무스〉 등이 있다.

> 너의 손에 닿은 물은 흘러간 물의 마지막 부분이자, 네 손에 닿
> 을 물의 첫 부분이다. 그렇게 현재의 시간도 흘러간다.

매일의 생활이나 가계부, 스케치를 많이 남기다

'만능 천재' 레오나르도 다빈치는 후세에 '기록광'이라고 불릴
만큼 모든 것을 기록으로 남기는 습관이 있었습니다. 일상이나
인간관계에 대한 것 이외에도 사업이나 가계에 관한 것까지 다
양하게 기록했습니다.

다빈치가 '기록 마니아'라는 사실은 그가 남긴 노트와 스케치

가 5,000장에 이르는 사실에서도 확인할 수 있습니다. 게다가 연구에 따르면 현재까지 남아있는 것만이 그 정도이고, 실제로 그 네 배 정도 되는 노트와 스케치가 있었을 것으로 추측됩니다.

다빈치가 스승 베로키오의 공방에 들어간 17세 무렵부터 이미 그가 기록에 대해 집착을 보였습니다. 자신의 예술론이나 회화의 이론, 실천법을 담은 《회화론》 속에서 레오나르도 다빈치는 초심자는 화가가 되기 위해서 먼저 수학이나 원근법, 그리고 소묘(데생)를 배워야 한다고 말합니다.

또한, 다빈치의 이런 습관은 르네상스 시기를 살았던 사람들, 특히 상인에게서는 자주 찾아볼 수 있었습니다. 중세에서 한 걸음 앞으로 나아간, 르네상스라고 하는 새로운 시대를 살아가기 위해서는 하루가 다르게 변화하는 내용을 기록하고 그것을 비교하고 검토하는 일이 작업상 필요했을 것입니다. 그 결과 레오나르도는 완성된 작품은 많지 않았지만, 그가 살았었다는 증거는 많이 남아있습니다.

〈최후의 만찬〉에서 보이는 행동으로 알 수 있는 인간 다빈치

생전 레오나르도 다빈치가 작품 활동 중에 보였던 모습은 어떠할까? 어떤 기록에는 이렇게 적혀 있다. "레오나르도는 아침 일찍부터 〈최후의 만찬〉 앞의 발판에 올라서서, 해가 뜰 때부터 저녁 늦게까지 그곳에 선 채 손에서 붓을 놓지 않고 그림을 그렸다. 그는 먹는 것도 마시는 것도 잊고 계속해서 그리기만 했다. 언제는 사나흘을 그림에는 손도 대지 않고 그저 생각에 잠긴 채, 인물들의 상을 비교하고 검토하며 시간을 보내는 일도 있었다."

도서관 가까이에 살면서
계속해서 책을 읽다

에릭 호퍼Eric Hoffer(1902~1983) 미국의 사회 사상가이자 철학자로, 뉴욕의 독일계 이민자 가정에서 태어났다. 5세 때부터 영어와 독일어를 술술 읽을 정도였는데, 7세에 사고로 갑자기 시력을 잃어 학교도 다니지 못하게 된다. 그러다 15세에 기적적으로 시력을 회복했다. 주로 부두노동자로 일하면서 1958년 6월~1959년 5월에 걸쳐 작성한 일기를 수록한 것이 그의 대표작 《부두에서 일하며 사색하며》이다. 노후에는 캘리포니아대학 버클리 캠퍼스에서 강의했지만, 부두 일은 계속했다고 한다.

> 내가 만족하는 데 필요한 것은 극히 적다. 하루 두 번의 맛있는 식사와 담배를 즐기고, 나의 관심을 끄는 책을 읽고 그리고 잠깐의 글을 쓰는 시간을 매일 갖는 것. 이것이 나에게는 생활의 전부다.

왜 '길 위의 철학자'는 하루에 10시간이나 책을 읽었을까?

에릭 호퍼는 7세에 시력을 잃고 18세에 부모를 잃어 천애 고아가 되고, 28세에는 자살을 기도했다 미수에 그칩니다. 그 후에는 캘리포니아대학 버클리 캠퍼스에서 정치학을 강의하면서도, 부두에서 노동하며 독학으로 사회 사상가이자 철학자가 되었습니다.

남들과 다른 인생을 살았던 에릭 호퍼가 늘 염두에 두었던 점은 '도서관 근처에 집을 얻는 것'입니다. 도서관 문이 열린 한, 독서하고 싶을 때 바로 찾아가 원하는 만큼 책을 읽을 수 있었습니다.

에릭 호퍼는 기적적으로 15세에 시력이 회복된 후에 '언젠간 또 눈이 멀진 않을까' 하는 고뇌에 사로잡혀 하루에 열 시간이고 열두 시간이고 읽을 수 있을 만큼 책을 읽으며 생활하게 됩니다. 눈이 멀면서 학교에 다닐 수 없었던 그에게는 도서관이 유일한 배움터였던 것입니다. 그래서 뉴욕을 떠나 캘리포니아로 거처를 옮겨서도 그는 도서관 바로 옆에 집을 얻어 언제든지 책을 읽을 수 있는 상황을 만들었습니다.

67세에 그의 대표작인 《부두에서 일하며 사색하며》가 발간되었고, 3년 뒤에는 한국에 번역본이 출간되었습니다. 때문에 그의 이름은 예전부터 한국에도 잘 알려져 있었습니다. 현재에도 독학의 천재 에릭 호퍼의 사색은 주목받고 있습니다.

미니멀리즘으로 방을 정리해 읽을 책을 늘린다

책을 사서 읽지 않고 쌓아두는 사람을 일컬어 '츤도쿠積ん読派'라고 한다. 읽지는 않는데 쌓여만 가는 책으로 곤란한 사람들에게 이런 방법을 추천한다. '중간에 읽다 만 책은 처분할 책 리스트에 넣는다', '올해가 지나도록 펴보지 않을 거 같은 책은 따로 빼둔다' 등의 기준을 세워두고, 처리할 책을 모아둘 공간을 확보하여 열 권이 쌓이는 순간 처분할 것을 스스로 명심한다. 읽지 않을 책을 줄이고 읽고 싶은 책을 늘려가는 방식으로 읽을 책을 늘려보자.

번뜩이는 영감을 믿지 않는다

엔니오 모리꼬네Ennio Morricone(1928~2020) 이탈리아 태생의 작곡가로 아버지는 재즈 트럼펫 연주자이다. 1961년 개봉한 〈파시스트〉로 처음 영화 음악을 시작한 엔니오 모리꼬네는 세르지오 레오네Sergio Leone 감독의 〈황야의 무법자〉 음악으로 세계에 이름을 알렸다. 그 후에 〈석양의 무법자〉를 비롯한 '마카로니 웨스턴(이탈리아에서 만든 서부극의 총칭-옮긴이 주)' 작품 외에도, 〈천국의 나날들〉, 〈원스 어폰 어 타임 인 아메리카〉, 〈미션〉, 〈언터처블〉, 〈시네마 천국〉 등의 음악 작업을 담당했다. 2007년에는 아카데미 평생공로상을 받았다.

> ❝
>
> 첫 번째 아이디어에서 다른 아이디어가 탄생한다.
>
> ❞

450편이 넘는 영화를 맡은 '영화 음악 거장'의 습관

다양한 영화의 음악 작업을 맡았던 엔니오 모리꼬네는 '영화 음악의 거장'으로 불립니다. 그의 나이 87세에 맡았던 쿠엔틴 타란티노 감독의 밀실 서부영화 〈헤이트풀 8〉로 아카데미 시상식에서 음악상을 받았습니다.

영화 음악의 천재인 모리꼬네는 새벽 4시에 일어나 운동을 하러 갔고, 8시 반부터 일을 시작했다고 합니다. 그리고 늦어도 밤

10시 반에는 잠자리에 들었다고 합니다. 그는 이 루틴에 대해 이렇게 말했습니다. "규율을 지키는 것은 매우 중요하다고 생각합니다. 제가 밤 10시에 기진맥진한 것도 이해할 수 있겠죠?"

그는 살아생전에 450편이 넘는 영화의 음악 작업을 맡았지만, 영감이 하늘에서 뚝 떨어진다고 생각하지는 않는다고 말했습니다. 즉, 영감은 존재하지 않는다고 생각했던 것입니다. 음악의 '첫 아이디어'는 존재하지만, 그것은 일을 지속적으로 하며 쌓여가는 경험을 통해서 점차 형태를 만들어 갑니다. 다시 말해서, 매일의 노력으로 최초의 아이디어를 잘 다듬어가는 것입니다. 모리꼬네는 이에 관해서 인터뷰를 통해 '예술이란 소매를 걷어붙이고, 일에 착수해야 비로소 도달하는 것'이라는 의견이 있는데 어떻게 생각하느냐 물었을 때, 이렇게 대답했습니다.

"저도 그 말은 사실인 것 같네요. 그러니 '열심히 일해라'라고 덧붙이고 싶군요."

아침 6시에 머리 손질을 끝냈던 모차르트

근세가 낳은 천재 작곡가 볼프강 아마데우스 모차르트 역시 아침형 인간으로 유명했다. 아침 6시에 머리 손질을 마치고, 7시에는 옷을 갖춰 입고 9시까지 작곡 작업을 했다. 그리고 오후 1시까지 개인 교습을 하고, 후원자인 패트론의 집에 초대받아 저녁 식사를 마친 후에 다시 밤 11시까지 일을 했다고 한다. 타고난 천재라고 불리는 모차르트도 정해진 루틴과 각고의 노력 끝에 유명 작곡가의 지위를 얻었다는 사실을 알 수 있다.

하루에 몇 번이고
생각을 바꾸다

마쓰시타 고노스케松下幸之助, Matsushita Konosuke(1894~1989) 일본 쇼와 시대의 대표
적인 사업가이자 기업가로, 가전제품 브랜드 '파나소닉'의 창업자이다. 아홉 살 때 집안
사정이 나빠지면서 직접 돈벌이에 나섰다. 1910년, 오사카 전등 주식회사의 수습사원
으로 일하다가 독립하여 '마쓰시타 전기기구 제작소'를 설립했다. 1935년에·주식회사
로 개편하여 '마쓰시타 전기산업'이 되면서 산하에 많은 자회사와 관련 회사를 거느리며,
마쓰시타 고노스케는 사장이자 회장으로 회사를 경영했다. 1973년까지 마쓰시타 전기
산업 회장으로 있었다. 1946년에 PHPPeace and Happiness through Prosperity 연구소를,
1979년에는 마쓰시타 정경숙(일본의 사설 정치지도자 양성학교─옮긴이 주)을 세웠다.

> 66
>
> • 각자 자신에게 주어진 길이 있다. 주어진 고귀한 길이 있다.
>   어떤 길인지는 몰라도, 다른 사람은 걸을 수 없다.
> • 인생도 경영이다.
>
> 99

'하루에 100번 바뀐다'라는 말에 담긴 의미는?

마쓰시타 고노스케는 마쓰시타 전기기구 제작소(현재의 파나
소닉)를 창업해, 일본 내에서 '경영의 신'이라고 불립니다.

'군자는 하루에 세 번 바뀐다'라는 말이 있습니다. 이는 아득
한 옛날 중국의 한 현자로부터 전해진 말로, '군자(리더)는 하루

에 세 번 바뀔 필요가 있다'라는 의미입니다.

여러분은 기업이나 학교 같은 조직의 정상에 있는 리더가 그렇게 자주 생각이나 방침을 바꾸면 그들을 따르는 직원이나 학생은 곤란할 거라 생각할 수 있습니다. 하지만 고노스케는 그렇게 생각하지 않았습니다.

그는 사실 '군자는 하루에 세 번 바뀐다'는 고사성어를 자기 식대로 바꾸어 '하루에 백 번 바뀐다'라는 조어를 만들었습니다. 즉 '하루에 백 번이나 생각을 바꿀 필요가 있다'라는 것입니다.

이와 관련하여 사장직의 고노스케와 직원 사이에 있었던 에피소드가 있습니다. 실적을 올리면서 동시에 조직과 체제에 대한 변화를 마다하지 않던 고노스케에 대해 한 직원이 이렇게 말했습니다. "사장님의 생각은 매일 바뀝니다. 조직을 그렇게 바꾸시면 일이 어렵습니다." 그러자 고노스케는 이렇게 대답했다고 합니다. "아침에 한 말이 저녁에는 이미 구식이 된다. 그것은 변경이 아니라 진보다."

고노스케는 저서 《마쓰시타 고노스케, 길을 열다》에서도 "하루에도 세 번이나 생각이 바뀐다는 말은, 그만큼 새로운 것을 찾고 만들어내고 있기 때문이다. 이것이야말로 군자이다."라고 했습니다.

어제의 나보다 오늘의 나. 그리고 오늘의 나보다도 내일의 나, 이렇게 날마다 계속해서 자신을 업데이트하는 것이 기업인 또는 인간으로서 성장하는 것이라고 말합니다. 마쓰시타 고노스케는 '지식'에 대해 이렇게 말했습니다. "지식은 도구다. 지식의 노예가 아닌, 지식의 주인공이 되어 지식을 자유자재로 사용해야 한다."

상사의 지시에 무작정 따른 직원에게 던진 한마디

"마쓰시타 전기는 어떤 회사입니까?"라는 질문에 "마쓰시타는 사람을 만들고 있습니다. 아울러 전기제품도 만들고 있죠."라고 대답한 고노스케인 만큼, 직원들을 아꼈고 직원들과의 거리는 가까웠습니다. 그만큼 고노스케는 항상 신제품이 개발 중이라는 말을 들으면, 관심을 갖고 직접 담당자에게 찾아가 여러 이야기를 들었습니다.

어느 날, 그는 관련 회사의 공장을 시찰하고 신제품에 대해 기술 담당자로부터 설명을 들은 후 이렇게 물었습니다. "자네, 이 상품의 디자인을 좀 더 이렇게 하는 것이 좋지 않은가?"

질문을 받은 직원은 이렇게 말했습니다. "사실 저도 제작 단계에서는 그렇게 생각했습니다. 하지만, 위에서 반대하여 결국 이렇게 만들었습니다."

그러자, 고노스케는 갑자기 어두운 표정을 지으며 이렇게 말하며 타일렀다고 합니다. "스스로 이렇게 하는 편이 낫겠다는 생각이 있었다면, 왜 상사를 설득하지 않았나? 상사를 설득하는 권한은 자네에게 있다네."

일반적으로 상사를 '설득할 수 있는 권한'이 부하 직원에게 있다고 생각하기 쉽지 않죠. 하지만, 고노스케는 상사의 생각을 바꿀 수 있는 존재는 부하 직원밖에 없다고 생각하고 있었습니다.

마쓰시타 고노스케는 종종 사원들에게 나이, 지위, 직무와 상관없이 '자주 자립의 정신'을 갖고 일하는 것의 중요성을 설명했습니다. 상사도 부하 직원의 의견에 귀를 기울이고 받아들이며 자기 생각을 고치고 새롭게 만들어야 회사가 발전하고 사회가 번영한다고 생각했습니다.

plus
α

'나를 아끼는 습관'으로 자존감을 높인다

상사나 윗사람을 대할 때, 자신의 의견을 충분히 말하지 못하고 끝나는 경우가 있다. 하지만 이는 자신의 태도를 점점 나약하게 만들 뿐이다. 계속해서 자신의 의견을 어필하고 스스로 가치를 깎아내리지 않는 태도를 유지한다면 당당한 모습을 가질 수 있게 된다. 이런 습관을 유지한다면 자존감도 높아져, 무의식의 가운데 '자신이 소중한 존재'라는 사실을 인식하게 된다.

분야를 가리지 않고
다양한 주제의 책을 무턱대고 읽다

기요미야 쇼이치清宮勝一, Kiyomiya Shoichi(1935~2016) 일본 이자카야 체인 '무라사키村
さ来' 창업자로, 홋카이도 동쪽에 있는 섬 구나시리에서 태어났다. 친가는 할아버지 때부
터 많은 어부를 거느린 선주였지만, 종전 후에 구소련의 침공을 받아 온 가족이 홋카이
도에 있는 네무로시로 이주했다. 도쿄의 대학에 다니면서 스물네 살에 토리스 바의 점장
을 맡았다. 5년 만에 점포를 일곱 개까지 늘리며 성장했지만, 후에 여섯 개 점포를 매각
했다. 그 매각한 돈으로 마케팅에 8년을 쏟아부어 공부하며, 1973년에 첫 '무라사키'를
오픈했다. 1976년부터 대대적인 프랜차이즈 경영에 나섰다.

> ❝
>
> 성공을 모방당하는 것은 어쩔 수 없다. 오히려 두려워해야 할 것
> 은 성공한 콘셉트에 안주해버리는 부분에 있다.
>
> ❞

독서와 여행을 하며 때를 기다리다

"이자카야 체인점 '무라사키' 창업자 기요미야 쇼이치는 이
자카야 시장에 지각변동을 일으킨 혁명적인 상품 '츄하이(소주
와 하이볼의 합성어인 '소츄하이보루焼酎ハイボール'의 약어)'의 개발자로,
이자카야 역사에 이름을 남길 것이다." 어떤 외식 저널리스트가
한 말입니다.

레몬, 라임, 녹차, 우롱차 등에 소주를 타서 만든 츄하이는

지금은 흔히 찾을 수 있는 술이지만, 40여 년 전의 소주는 좋은 이미지가 아닌 주류로, '품위 없는 술'로 취급되고 있었습니다. 하지만 기요미야는 '소주가 인기 있던 어두운 시절을 모르는 젊은 세대에겐 소주에 대해 호감이 없을 것이다.' 하고 생각했습니다. 그래서 소주에 라임이나 자몽 같은 감귤류 시럽 외에도 녹차, 우롱차, 비탄산 청량음료 등의 희석 재료를 섞어 120종 정도의 츄하이를 만들어냈습니다. 그 후, 츄하이는 젊은이들 사이에서 폭발적인 인기를 끌었습니다.

기요미야의 이런 독창적인 사고력을 낳은 습관 중 하나가 바로 '마케팅론, 경제학, 경영학, 관리론, 심리학 등 손에 잡히는 대로 책 읽기'입니다. 또, 점포를 매각하여 수중에 어느 정도 자금을 갖고 있었던 그는 전국의 음식점을 돌아다니면서 먹고 마시며 8년 동안이나 정보 수집에 열을 올렸습니다. 그 시간을 통해 젊은 층의 특징과 취향을 포착해, 츄하이라는 최강 아이템과 '대도시에 있는 소박한 시골 가옥 느낌'의 콘셉트를 가진 점포를 만들어낸 것입니다.

도야마 시게히코의 숨은 명저

도야마 시게히코外山滋比古의 《나는 왜 책읽기가 힘들까?》라는 책이 있다. 도야마 시게히코는 '천천히 읽으면 되려 놓치는 부분이 생길 수 있는데, 바람처럼 빨리 읽으면 의외로 얻을 수 있는 부분이 많다'라고 한다. 다양한 책을 가리지 않고 많이 읽는 방법이 의외의 것을 발견하는 능력을 높인다. 이는 기요미야 쇼이치의 독서법과도 통하는 바가 있다. 기요미야는 이를 통해 다양한 분야의 지식을 쌓으며 독창적인 사고력을 기를 수 있었다.

하루의 2%를
10년, 20년 후를 위해 사용하다

이토카와 히데오糸川英夫, Itokawa Hideo(1912~1999) 항공공학자이자 우주공학자로, 1935년 도쿄제국대학(현 도쿄대) 공학부 항공학과를 졸업했다. 졸업 후에는 일본의 군용기 제작사인 나카지마 비행기에 입사하여 '하야부사' 등의 전투기 설계에 관련한 일을 맡았다. 1948년에 도쿄대학 교수로 취임하고, 1955년에는 국내 최초로 고체연료 로켓인 '연필 로켓' 발사 실험에 성공하며 '일본 로켓 개발의 아버지'로 불리게 된다. 1967년, 도쿄대학 교수 자리에서 물러나 조직공학연구소를 설립하고 초대 소장이 되었다.

- 실패가 아닌, 성과다.
- 가장 필요한 것은 역시 '역경'이다.

'하야부사호'가 탐사한 소행성 이토카와의 어원

항공공학자이자 우주공학자인 이토카와 히데오는 '일본 로켓 개발의 아버지', '일본 우주 개발의 아버지'라고 불립니다.

2003년 5월 9일에 일본의 소행성탐사선 '하야부사'가 발사되고 3개월 후, 탐사선의 목적지인 소행성 25143에 이름이 붙여졌습니다. 이름하여 'Itokawa(이토카와)'입니다. 바로 이토카와 히데오의 이름에서 유래했습니다.

일본의 우주과학 기술은 세계 이목을 끌었는데, 그 상징이라고도 할 수 있는 이토카와 히데오야말로 일본 우주 분야의 천재라고 불릴만한 존재입니다.

제일도쿄시립중, 도쿄고등학교를 거쳐 도쿄제국대학 공학부 항공학과를 졸업한 이토카와는 확실히 엘리트 코스를 밟았던 인물인데, 그의 호기심은 모든 방면에 이르렀습니다.

전투기를 설계하고 로켓 성능을 향상시키는 등 본업에 관련된 것 외에도, 1975년에는 62세 나이에 시작한 발레 연구의 성과로 〈로미오와 줄리엣〉의 몬타규 백작 역으로 데뷔 무대를 장식했습니다. 1992년에는 직접 만든 바이올린인 '히데오 이토카와 호'를 완성해 80세 생일을 기념하여 콘서트를 개최하기도 했습니다.

이토카와 연구실의 마지막 제자인 우주공학자 마토가와 야스노리的川泰宣는 스승 이토카와 히데오에 대해 '독창적인 발상'의 소유자라고 말하면서 동시에 이렇게 이야기합니다.

"이토가와 히데오 선생님의 생애는 정말 재미있다. 그 이유는 '장난기'와 '유쾌함'이 그의 일생을 함께하고 있기 때문이다. '장난'은 무턱대고 한다고 되는 게 아니다. 이토카와 선생님의 표정에는 어린아이 같은, 호기심 가득한 '장난기'가 다방면에서 가득하다."

이와 같은 이토카와 히데오의 성격을 기반으로 틀에 얽매이지 않는 유연한 사고의 힘을 얻을 수 있었던 것이 아닐까요?

이토카와 히데오가 젊었을 때부터 가지고 있던 신념이 있습니다. 바로 '98+2' 방식입니다. 이 수식만으로는 의미하는 바를 이해하기 어려울 것입니다. 그렇다면 '98+2'라는 방식은 대체 무엇일까요?

이토카와는 자신의 저서에서 이렇게 말하고 있습니다. "하루 시간의 98%는 오늘과 내일을 위해 쓴다. 나머지 2%는 10년 또는 20년 후를 위해서 사용한다는 인생의 타임 셰어링 방식을 말한다."

그는 1년, 1개월, 1일이란 시간의 98%는 로켓 연구나 집필 같은 '매일의 본업'에 사용했지만, 아주 작은 일부분인 2%의 시간을 라이프워크(일생을 거쳐서 하는 필생의 사업)를 위해 쓰고 있었습니다.

사실 이토카와 히데오는 하루의 시간 중 2%를 바이올린 제작에 사용했습니다. 그는 1947년에 바이올린을 만들기 시작해서 1992년에 완성했습니다. 즉, 그는 바이올린 제작을 45년이나 계속했던 것입니다.

이토카와 히데오는 '98+2' 방식에 대해서 중요한 점을 다음과 같이 정의하였습니다. "티끌 모아 태산이라는 말이 있다. 신문지를 매일 한 장씩 쌓아 45년이 지나면 몇 미터나 몇 십미터 높이가 되어 있을 것이다. 즉, 또 하나의 라이프워크를 갖게 되는 것이다. 전력투구하지 않고 정말 몇 퍼센트의 적은 시간을 써서, 오랜 기간에 걸쳐서 본업과 전혀 다른 '꿈'을 실현하는 데

쏟아보는 건 어떨까. 이것이 바로 '98+2' 이론이다."

예를 들어, 수면시간이 여덟 시간이면 하루 활동 시간의 2%는 단 20분입니다. 텔레비전을 보거나 식사를 하면 눈 깜짝할 사이에 지나가버리는 시간입니다. 그렇게 매우 적은 시간이라도 매일 차곡차곡 꿈을 실현하기 위해 쏟을 수 있다면, 티끌은 태산이 되고 다른 사람 눈에 띌 정도의 성과가 됩니다.

이토카와 히데오가 2%를 소중히 여기는 이유는, 그런 의식을 지니고 살아가는 한 목표를 잃지 않을 것이며, 그것이 살아가는 데 양식이 되기 때문입니다.

새로운 분야를 공부하려면 중학생용 책으로 배우기

한 권으로 세계사, 미술 같은 분야를 마스터할 수 있는 책이나, '1부터 배운다'라는 콘셉트의 문화 센터 강좌 등은 예전부터 부동의 인기를 자랑하고 있습니다. 그렇다면 이 기획들의 공통 키워드는 무엇일까요? 바로 '다시 배우기'입니다.

이토카와는 이에 관련해서 '새로운 분야를 공부하려면 중학생 수준의 책을 읽는 것부터 시작하는 편이 좋다'라고 생각했고, 이를 적극 실천하였습니다.

사람들은 새로운 분야에 뛰어들 때, 아무것도 아는 것이 없는 상태에서 시작합니다. 먼저 그 분야의 특정 사항을 마스터하고, 이를 발판 삼아 주변 분야를 공략해나가는 것이 이토카와가 행한 '새로운 것에 대한 도전 방식'이었습니다.

또한 이토카와 히데오는 모든 일을 성공시키는 밑거름은 독창성과 창조력이라 강조했습니다. 그러면서 독창성이나 창조력을 낳는 원천은 '역경'에 있다고 했습니다. 그는 말합니다. "역경을 극복하지 않으면 자신의 인생이 열리지 않는다는 의미에서, 역경은 매우 중요한 요소입니다."

기억력이 뛰어나 힘들지 않고 공부할 수 있는 사람에게 독창성이나 창조력은 필요 없을지도 모릅니다. 하지만 그런 사람은 드뭅니다. 대부분의 사람은 역경에 도전하지 않으면 길을 열수 없는데, 이토카와는 길을 열기 위해 필요한 것이 바로 독창성과 창조력이라고 말합니다.

'평생 현역' 생활을 하기 위해서는?

오늘날 '정년퇴직'이라는 단어는 일로부터의 완전한 해방으로 쓰이기 어렵다. 앞으로는 '평생 현역'으로 일하는 것이 자연스러운 일이 되었다. 의료 기술의 발달로 '100세 인생 시대'도 가시화되고 있다. 일본의 평생현역추진협의회는 평생 현역으로 생활하기 위해서 '동료를 만든다', '성공 보수 정신을 철저히 한다', '특색과 특기를 갈고닦는다'와 같은 포인트와 함께 '인생 목표'를 갖는 것을 중요하게 꼽는다. 이토카와 히데오의 '98+2' 생각과 이어진다고 볼 수 있다.

문장을 만들 때는
깎을 게 없어질 때까지 덜어낸다

앙투안 드 생텍쥐페리 Antoine de Saint-Exupéry(1900~1944) 프랑스 태생의 소설가이자 항공기 조종사였다. 《어린 왕자》의 저자로 유명한 인물이다.

'덧붙이기'보다 '덜어내기'의 중요성

생텍쥐페리는 1943년 《어린 왕자》를 출간한 이후 오랫동안 전 세계적으로 사랑받는 베스트셀러 작가입니다. 그는 어떤 일이든 완벽하다고 할 수 있는 상태란 '더는 덧붙일 것이 없을 때가 아니고, 덜어낼 것이 없을 때'라고 말합니다. 《어린 왕자》는 '크리스마스를 위한 어린이용 이야기'라는 주제로 의뢰를 받았던 책이라 간결한 표현법이 책의 곳곳에 눈에 띕니다. 그가 출판 전까지 퇴고를 거듭하여 덜어낼 만큼 덜어냈다는 것을 짐작할 수 있습니다.

쓸데없는 문장의 전형적인 예시

문장을 깎아낼 때 다음과 같은 방법이 있다. '접속 조사(~이지만, ~인데, ~이면, ~등)를 덜어낸 한 문장을 짧게 만들기', '상황을 설명하는 문장의 앞부분에는 주어를 넣지 않기' 등이 있다. 또 저자의 의견을 길게 늘어 쓰는 것도 문장이 길어지는 원인이다. 쓸데없는 문장은 계속해서 덜어내야 한다.

기분 전환을 하고 싶을 때는
다른 공부를 한다

마리 퀴리Marie Curie(1867~1934) 프랑스의 물리학자이자 화학자로, 방사성 원소 폴로늄을 발견했다. 노벨물리학상과 노벨화학상을 수상했다.

두 번의 노벨상을 받은 천재 물리학자의 '휴식 방법'

마리 퀴리는 두 분야의 노벨상을 받은 천재 물리학자입니다. 그녀는 책을 읽어도 머리에 들어오지 않을 때, 기분을 전환하기 위해 수학 문제를 풀었다는 일화가 있습니다. 일종의 머리를 식히는 휴식 방법이었습니다. 어려서부터 매우 우수했던 마리 퀴리는 나이 차이 나는 언니의 교과서를 쉽게 술술 읽었다고 전해집니다. 타고난 머리도 있지만 꾸준한 노력으로 인해 학업적으로도 두드러져, 당시 과학계에서 눈에 보이지 않는 성차별이 심했음에도 큰 업적들을 남길 수 있었습니다.

관련 서적을 동시에 읽으며 내용의 이해를 증진시킨다

독서법 중에는 '많은 책을 동시에 읽으며 이해를 높이는' 독서법이 있다. 어떤 책의 내용을 이해하기 어려울 때, 관련 서적을 같이 섭렵하여 해결하는 방법이다. 기분 전환도 되고, 다른 각도에서 해설한 책에서 힌트를 얻을 수 있을지도 모른다.

내 눈으로 본 것만 믿는다

장 앙리 파브르Jean-Henri Fabre(1823~1915) 프랑스의 곤충학자이자, 박물학자, 교수, 시인, 교육운동가이다. 곤충을 관찰하고 연구한 《곤충기》를 출판하였다.

'왜 빛은 보이는가?'라는 수수께끼에 매달린 소년 파브르

어릴 적부터 자연을 가까이하며 딱정벌레의 눈부신 모습에 매료되었던 파브르는 특히 곤충의 관찰과 연구에 열중했습니다. 그는 어려서부터 '경험 지상주의'라고 할 정도로, 자신이 체험했거나 직접 눈으로 본 것만 믿었다고 합니다. 예를 들어, 어렸을 때 '왜 빛은 눈에 보이는가?'라는 질문에 대한 답을 얻기 위해, 눈을 감고 입만 벌린 상태로는 빛이 보이지 않는다는 사실을 확인하고, 그 다음에 눈을 떠서 비로소 빛이 보이는 것을 통해 이해했다고 합니다.

경험 지상주의에도 '함정'은 있다

야구로 예를 들어, 배팅 머신으로 매일 의욕적으로 1,000구씩 친다고 해도 명타자는 될 수 없다. 왜냐하면, 생각하면서 연습하지 않으면 기술의 향상은 그저 희망 사항이기 때문이다. 즉, '경험'과 함께 '학습'을 해야 능력이 향상된다는 말이다.

일단 가능하다고 말한 뒤
방법을 생각한다

쓰부라야 에이지円谷英二, Tsuburaya Eiji(1901~1970) 일본 후쿠시마 태생의 영화 특수 촬영 감독으로, 본명은 쓰무라야 에이이치円谷英一이다. 1935년에 J·O 스튜디오에 입사, 독일과의 합작 영화 〈사무라이의 딸新しき土〉을 담당하여 일본 최초로 스크린 프로세스(백그라운드 프로젝션) 기술을 완성했다. 1937년에 영화사 도호에 입사하게 되고, 1954년에는 〈고지라〉의 특수효과 촬영으로 세계적인 평가를 얻게 된다. 1963년에는 쓰부라야 프로덕션을 설립하여, 〈울트라Q〉, 〈울트라맨〉 등 특수 촬영 TV 드라마 시리즈를 제작하여 '괴수 붐'을 일으킴과 동시에 일본의 특수 촬영 기술의 수준을 높였다.

비행기라는 게 그렇게 단순하게는 날지 않는다고.

스티븐 스필버그가 인정한 '특수 촬영의 신'이 전하는 메시지

쓰부라야 에이지는 〈고지라〉, 〈울트라맨〉 등 지금도 여전히 일본을 비롯해 전 세계적으로 사랑받고 있는 캐릭터를 만들어 낸 '특수 촬영의 신'이라고 불립니다.

현대 영화의 거장인 스티븐 스필버그와 조지 루카스, 제임스 카메론, 미야자키 하야오 감독 등도 쓰부라야 에이지가 제작한 작품들의 영향을 받은 것으로 유명합니다.

일본에 폭발적인 '괴수 붐'을 몰고 온 장본인이기도 한 그는 사실 늦은 나이에 이름을 알렸습니다. 〈고지라〉가 크게 히트했을 때, 그는 이미 53세였습니다. 연륜이 쌓인 만큼 쓰부라야는 세상의 풍파를 겪은 사람이기 때문에 그의 말은 굉장히 무게가 있습니다.

그가 남긴 말 중에 "나는 일단 '가능하다'라고 말한다. 그러고 나서 방법을 생각한다."라는 말은 인상적입니다. 어떤 협의가 필요한 상황에서, 제작하기 어려운 장면에 대해 쓰부라야는 고민 대신 '할 수 있다'고 대답했습니다.

나중에 정말 가능한지 질문하는 스태프에게 쓰부라야는 이렇게 대답했다고 합니다. "일단 할 수 있다고 얘기하는 거야. 그리고 방법을 생각하는 거지."

그는 우선 안 된다고 한다면 될만한 일도 끝내 결과를 보지 못하게 된다고 생각했습니다. 반면 일단 가능하다고 말을 한다면, 뱉은 말을 지켜야 하기 때문에 어떻게든 방법을 강구하여 해결해나가며 계속해서 한계에 도전하고 능력을 쌓게 되는 것입니다.

예를 들어, 〈고지라〉를 제작할 때 그에게 주어진 시간은 불과 3개월밖에 되지 않았습니다. 하지만 쓰부라야는 무턱대고 어렵다고 하지 않고, 합성 작업이나 미니어처 작업 등 그의 30년이 넘는 영화 인생에서 쌓아온 기술을 총동원해서 결국 주어진 시간 내에 훌륭한 영화를 완성해냈습니다.

후쿠시마 태생이었던 그는 사투리 때문에 도쿄에서 지내던 당시에 바보 취급을 받았지만, 그런 와중에도 그는 허허 웃으며 넘기곤 했습니다. 평소에 그런 초연한 태도와 뛰어난 촬영 기법을 보였기 때문에, 그는 독립해서 프로덕션을 차렸을 때 업계가 떠들썩했다고 합니다.

쓰부라야 에이지가 개발한 여러 특수 촬영 기술

'없는 것은 만들면 된다'라는 것도 쓰부라야 에이지만의 독특한 사고방식이다. 오늘날 길거리에 있는 증명사진 부스의 원형을 세계 최초로 만든 것도 쓰부라야이고, 그 외에도 촬영용 크레인, 페이드인·아웃, 파란 배경 촬영, 미니어처 특수 촬영, 다중합성기 등도 모두 그의 아이디어를 바탕으로 만들어진 것들이다. 현재까지 흔히 쓰이는 많은 촬영 기법들 중 쓰부라야 에이지가 만든 것이 다수이다.

사람들의 속마음을 알기 위해
화장실 낙서를 보다

가브리엘 가르시아 마르케스Gabriel García Márquez(1927~2014) 콜롬비아 태생의 작가로, 대표작으로는 《백년의 고독》이 있다. 20세기 중반 남미와 세계 문학사에서 한 획을 그은 대문호 중 한 명이다.

헝가리 술집에서 본 민중의 소리

노벨문학상을 받은 가브리엘 가르시아 마르케스는 사람들의 마음속 진심을 알고 싶을 때, 술집 화장실에 들어가 낙서를 보는 습관을 가지고 있었습니다. 화장실 벽에는 그들이 토로한 속마음들이 낙서로 쓰여있었기 때문에, 가르시아 마르케스는 거기서 소설의 구상거리를 모았던 것입니다. 부다페스트에서 취재가 어려웠던 그는 화장실에서 "세계 어디서나 볼 수 있는 고전적이고도 외설적인 그림들 사이에서 소재를 발견했다."라고 말했습니다.

plus
α

'낙서落書'라고 불리는 익명의 문서

일본에는 '라쿠쇼落書'라는 것이 있다. 이는 '시사 또는 당시 인물에 대해서 풍자와 조롱의 뜻을 표현한 익명의 문서'라는 뜻으로, 가브리엘 가르시아 마르케스가 술집에서 보았던 낙서와 비슷하다. '익명'과 '풍자'라는 것이 공통점이다. 빈곤한 나라의 마을 벽에는 온통 낙서가 그려진 경우가 많다.

다양한 사람과 대화하며 정보를 수집하다

후지타 덴藤田田, Fujita Den(1926~2004) 오사카 태생으로 맥도날드를 도입한 기업가이다. 도쿄대학 재학 중에 고급 잡화 수입점 '후지타 상점'을 창업했다. 1971년에는 '일본 맥도날드'를 창업하고 사장으로 취임했다. 도쿄 긴자 1호점을 열고, 일본만의 점포 운영 매뉴얼을 만들었다. 1989년에는 일본 토이저러스를 설립하고 부회장으로 취임했으며, 소프트뱅크 사외 이사를 맡기도 했다. 저서로는 《유태인의 상술》, 《누구나 부자가 될 수 있다》 등이 있다.

> ❝
> 대중의 **2mm** 앞으로 가라.
> ❞

후지타 덴藤田田의 '덴田'이라는 이름의 유래

후지타 덴은 '노회(경험이 많고 교활함)한 기업인', '냉철한 긴자의 유대인' 등 다양한 비판과 칭찬을 동시에 받았던 사업가입니다.

1950년, 스물네 살이었던 그는 도쿄대학 3학년 재학 중에 '후지타 상점'을 설립하여 보석과 고급 브랜드의 의류를 비롯한 다양한 수입 잡화를 다루었습니다. 당시 일본은 한국의 6·25전쟁으로 인한 특수한 상황으로 수요가 들끓었고, 비상한 재능을 보였던 후지타 덴은 일약 주목을 받게 되었습니다.

후지타 덴은 택시를 탔을 때 운전사에게 적극적으로 말을 거는 습관을 가지고 있었습니다. 지하철이나 버스를 탔을 때도 옆에 앉은 승객에게 대화를 시도하곤 했는데, 이를 미루어보아 그가 얼마나 정보 수집에 열을 올렸는지 알 수 있습니다.

후지타 덴의 한자 '전傳'은 희귀하게 '덴'이라고도 발음하는데, 어머니가 지어준 이름이라고 합니다. 기독교 신자였던 어머니가 '입으로 말하는 것을 신이 지켜주시길 바라는' 마음으로, '입口' 안에 '십자가'가 들어간 모양의 '전傳'이라는 한자를 썼다고 합니다. 후지타가 택시 기사, 대중교통에서 만난 승객들과 대화를 즐기는 것은 이름에서 비롯된 결과라고 생각할 수 있습니다.

후지타의 습관이 하나 더 있습니다. 긴자에 맥도널드 1호점을 오픈한 이래, 후지타는 근처 빌딩에서 그가 애용하던 망원경을 통해 긴자 거리를 돌아다니는 사람의 흐름을 관찰했다고 합니다. 그는 맥도날드 1호점을 중심으로 소비자의 행동을 주의 깊게 살펴보며 경영 방침을 세우고 있었던 것입니다.

'귀 뒤를 정성스레 씻는 것'과 돈벌이의 관계?

후지타 덴의 습관 중 유명한 한 가지가 바로 '귀 뒤를 정성스레 씻기'이다. 이는 유대인의 가르침 중 하나인데, 그들은 귀 뒤에서 에너지가 나온다고 믿고 그 부분을 소중히 여기면 장사도 잘된다고 느꼈다. 후지타는 연합군 최고사령부에서 통역 일을 하던 시절에 친해진 유대인 군인으로부터 돈 버는 법과 비즈니스 철학을 배운 후지타는 후지타 상점을 설립해 큰돈을 벌었고, 이는 그가 유대인 상술에 심취하게 된 계기가 되기도 했다. 이후로 그는 '긴자의 유대인'이라는 별칭이 붙었다.

'천천히 변화하고 있다는 것'을 깨달으면 메모한다

에릭 사티Erik Satie(1866~1925) 프랑스 출신 작곡가로, 피아노곡 〈그노시엔느Gnossiennes〉 등의 작품이 있다.

단순한 산책이 독특한 리듬을 만든다

　에릭 사티는 '유별난 작곡가' 이외에 '이단아' 또는 '괴짜'라는 별명이 있습니다. 그는 차이코프스키, 찰스 디킨스 등과 마찬가지로 산책을 하루의 중요한 일과로 삼았습니다. 그는 산책 도중에 깨달은 것이 있으면 틈틈이 메모해두고 작곡에 활용했다고 합니다. 연구자 로저 샤툭Roger Shattuck은 에릭 사티 음악의 독특한 리듬감은 '매일 계속해서 같은 경치 속을 걸으며 왕복했던 것'에서 비롯되었다고 말합니다.

천천히 변화하고 있음을 깨닫는 '아하 체험'

갑자기 무언가를 떠올리고 '아, 그렇구나!'라고 커다란 깨달음을 느끼는 마음의 움직임을 영어로는 'A-ha! experience', 우리 말로는 '유레카 효과'라고도 부른다. 뉴턴이 나무에서 사과가 떨어지는 것을 보고 만유인력 법칙을 발견한 것도 '아하 체험' 중 하나이다. 꾸준한 자기만의 일상을 살다 보면 그 평범한 일상 속에서 '아하!' 하는 깨달음을 얻을 수 있을 것이다.

늘 다니던 길을 벗어나서 걸어보다

알렉산더 그레이엄 벨Alexander Graham Bell(1847~1922) 미국의 발명가이자 물리학자로, 1877년 벨 전화회사를 설립했다.

도시의 소란스러움을 떠나, 자연 속에서 창작 활동에 힘쓰다

전화기 발명가 그레이엄 벨은 연구에 대해서 '틀에 사로잡히지 않고 사물을 생각하다'라는 것을 모토로 삼았습니다. 그는 "늘 다니던 길을 벗어나 숲속으로 몸을 던져라."라고 말했습니다. 심지어 말로만 하는 것이 아닌, 실제로 전화기 발명으로 성공을 하고 몇 년 후에 워싱턴 D.C.에서 캐나다의 노바스코샤주의 바덱 근처에 별장을 짓고, 터전을 옮겼습니다. 벨은 한적한 곳으로 거주지를 옮긴 후에 더 열심히 창작 활동을 했다고 합니다.

태양전지와 플로피디스크도 구상해낸 벨

벨은 에디슨과 함께 '천재'라는 이름이 잘 어울리는 발명가이다. 사실 그는 당시에 이미 태양전지와 냉난방, 대체 연료, 테이프식 녹음기, 하드디스크, 플로피디스크 등 다양한 것들을 구상하고 있었다고 한다. 또한, 바닷물의 염류 제거나 금속탐지기 등도 그의 발명품이다.

세계를 의식해
논문은 영어로 쓰다

오무라 사토시大村智, Omura Satoshi(1935~) 일본 야마나시현 태생의 화학자로, 도쿄 도립 스미다 공업고등학교(야간)에서 교사로 일하면서 도쿄이과대학 대학원 이학연구과에서 석사를 수료했다. 1975년에는 기타사토대학 교수로, 1990년에는 기타사토 연구소의 소장으로 취임했다. 미생물에서 약 300개의 새로운 화합물을 발견해, 그 일부를 가축이나 사람의 기생충 치료에 효과적인 항생제 물질로 실용화했다. 그중 개발된 기생충 치료제 이버멕틴Ivermectin은 열대병인 회선사상충증을 치료하는 데 사용되면서, 많은 환자를 실명의 위기에서 구했다. 2015년에 노벨 생리의학상과 일본의 문화훈장을 받았다.

> 연구할 때는 다른 사람을 절대로 모방하지 않겠다고 늘 스스로 다짐했고, 언제나 새로운 것에 도전해왔다.

총리가 걸어온 축하 전화보다 자신의 연구를 우선시하다

　　오무라 사토시는 야간 고등학교의 교사에서 연구자가 되었고, 스스로 만들어낸 약이 세계적으로 널리 치료에 이용되면서, 마침내 노벨상을 받았습니다. 나가사키대학 열대의학 연구소 전 소장 아오키 요시키는 오무라 사토시의 노벨상 수상 당시, 그에 대해 이렇게 말했습니다. "일본에서는 크게 알려지지 않았지만, 세계적으로 오무라 선생님의 명성은 이미 자자합니다. 저는 선생님의 노벨상 수상이 20년은 늦었다고 생각합니다."

오무라 사토시가 고등학교 교사직을 그만두고 정식으로 대학 연구생이 되자, 아버지는 지위가 높고 유명한 전문가를 찾아가 아들의 평판을 알아보았습니다. 하지만 아버지는 "이 경력이라면 장래성은 없다."라는 대답만 들었습니다. 이를 들은 오무라 사토시는 "그렇다면 세계를 목표로 삼겠다. 그게 훨씬 보람 있다." 하고 분발하며 연구자로 끊임없는 노력을 했습니다.

그 뒤로 영어를 열심히 터득하여, 연구 성과도 정당하게 평가받고 업적을 인정받기 위해 일본어 대신 영어로 연구 논문을 쓰기 시작했습니다.

후에 기타사토대학에서 노벨상 수상 소식을 알리며 기자회견을 하던 중, 당시 총리였던 아베 신조가 축하 전화를 걸어왔지만, 오무라 사토시는 바쁘기 때문에 '나중에 걸겠다'라고 끊었다고 합니다. 권력이나 명성에 욕심내기보다는 연구 정신이 강해 보이는 인물입니다.

plus
α

가와시마 에이지가 프랑스에서 수문장이 될 수 있었던 이유

일본 축구 국가대표팀에 해외파 선수가 많아졌다. 그들은 어렸을 때부터 세계를 무대로 뛰기 위해서 노력했다. 가와시마 에이지川島永嗣 선수가 유럽의 5대 메이저리그 중 하나인 프랑스 1부 리그 팀에서 수문장 자리를 꿰찰 수 있었던 배경에는 영어, 이탈리아어, 프랑스어, 스페인어, 포르투갈어, 네덜란드어까지 할 수 있었던 점이 크게 작용했다.

'10년 후에는 이렇게 되겠다'라는 목표를 세우다

알베르트 슈바이처Albert Schweitzer(1875~1965) 독일 태생의 신학자이자 음악가이며 의사이다. 바흐에 관한 연구로도 유명하다.

30세부터의 인생을 상상했던 당시, 그의 나이는 21세

알베르트 슈바이처는 '위인 중의 위인'이라고도 불립니다. 파이프오르간 제작의 일인자 외에도 다재다능한 모습을 가진 그는 어릴 때부터 어른스러웠던 천재였습니다. 그의 나이 21세 때, "서른이 될 때까지는 학문과 예술을 위해 살 수 있도록 허락받았다고 생각하자. 그 이후부터는 인류에 직접 봉사하겠다."라고 마음먹고, 실제로 프랑스령 콩고(현재의 가봉)로 넘어가 병원을 개설하고 의료 활동에 종사했습니다.

AI 시대를 살아가려면 창의성이 필요하다

옥스퍼드대학에서 AI에 관해 연구하는 마이클 오스본Michael A. Osborne 교수는 "앞으로 10년에서 20년 정도 사이에, 미국 총고용자의 약 47%에 해당하는 일이 자동화될 위험이 크다는 결론에 이르렀다."라고 했다. AI는 예술 같은 창조성을 요구하는 일에는 적합하지 않다고 여겨지므로, 앞으로 점점 더 인간의 창조성이 중요시될 것이니 나의 10년 후를 그려보아야 한다.

intelligence **69**

요리는 레시피보다
재료를 중시하라

기타오지 로산진北大路魯山人, Kitaohji Rosanjin(1883~1959) 교토 태생의 도예가로, 다양하고 참신한 도자기를 제작했다.

모든 일의 가장 기초가 되는 것

기타오지 로산진의 논문 〈재료인가 요리인가材料か料理か〉에 "맛있는 음식이란 무엇인가, 뛰어난 요리법은 두 번째고, 실로 재료가 전부이다."라는 문장이 있습니다. 그리고 그는 이런 말도 남겼습니다. "요리가 맛이 있고 없고는 십중팔구 재료의 품질에 대한 선택에 있다고 해석해도 좋다. 그러므로 재료를 선택하는 일에 최선을 다해야 한다." 요리뿐만 아니라 어떤 일을 하든 재료가 좋고 나쁨을 판단하는 것이 중요하다는 말로 해석할 수 있습니다.

plus α

'○○산이라서 맛있다'라는 말의 함정
'○○산 참치라서 맛있다'와 같은 말을 우리는 어렵지 않게 들을 수 있다. 이는 이름만으로 사물을 판단하는 것이지, 품질을 판단하는 말은 아니다. 타이틀에 사로잡혀 판단을 내리는 것에 유의하자.

Chapter 4

타인의 마음을 움직이는 '소통' 습관

◆◆◆◆

communication

상대의 기분이
어느 채널에 있는지 알아내다

모리타 아키오盛田昭夫, Morita Akio(1921~1999) 일본의 기업가이자 경영자로, 그의 집안
은 에도시대부터 간장, 사케 등을 제조하는 양조장을 운영했다. 오사카국제대학(현재 오
사카대학) 물리학과를 졸업하고, 종전 후인 1946년에 이부카 마사루ぃぶかまさる와 함께
오늘날의 소니인 도쿄통신공업을 세웠다. 최초로 일본산 테이프 레코더와 트렌지스터
라디오 등, 독창적인 제품들을 개발했다. 그리고 영업에도 참여하며 회사를 '세계적인 소
니 기업'으로 키워냈다. 휴대용 카세트테이프 플레이어 '워크맨'도 고안했다.

> 66
>
> 상대의 전파가 몇 번 채널인지 알아내서 끊임없이 그 전파를 보
> 내면 틀림없이 수신된다. 그것이 커뮤니케이션이다.
>
> 99

설득력 있으면서 동시에 논리적인 모리타 아키오의 연설

　모리타 아키오는 1998년, 미국 주간지 《타임》에서 선정한
'20세기 가장 영향력 있는 경제인 20인' 중 한 사람으로 뽑혔습
니다. 그가 개발에 참여했던 워크맨은 세계에서 선풍적 인기를
끌면서 사람들의 라이프스타일을 변화시켰습니다. 모리타는 사
업가와 기술자, 두 방면에서 천재였던 것입니다.

　서양의 재계 인사와도 친하게 교류했던 모리타는 연설 자리

에 서는 일도 많았는데, 그는 연설을 할 때 원고를 보지 않았습니다. "사람을 설득할 때 원고를 보지 않는 것처럼, 원고를 보면서 설득력 있는 연설이 가능할 리가 없다."라는 것이 모리타 아키오의 지론이었다고 합니다.

연설 전에 계속해서 연습을 한 모리타는 최대한 감정에 호소하지 않고 사실을 제시하면서 상대방이 자연스럽게 결론에 도달할 수 있도록 유도하는 화법을 썼다고 합니다.

모리타 아키오는 커뮤니케이션을 매우 중요시했는데, 요령을 표현하는 방법 역시 독특합니다. 그가 상대방과 의사소통을 하려고 할 때 상대방의 기분이 어느 채널에 있는지를 빨리 알아내는 데 신경을 집중했습니다. 즉, 상대가 말하는 참뜻이 어디에 있는지를 살펴보면서 틈을 좁혀가는 것입니다.

예를 들어 한 놀이공원에서는 거대한 부지 청소에 대해 그냥 '깨끗하게 청소하라'라고 직원들에게 전달하기보다는 '아기가 어디를 기어 다녀도 괜찮도록 깨끗하게 닦아라'라고 지시했습니다. '아이가 기어 다녀도 괜찮도록'이라는 구체적인 지시가 포인트되어, 상대방과 나의 채널을 맞추는 암호가 되는 것입니다.

대화의 끝에 상대방의 이름을 말한다

데일 카네기Dale Carnegie(1888~1955) 미국의 작가 겸 평론가로, 미주리주에 있는 한 농장에서 태어났다. 미주리주립대학 졸업 후, 잡지 기사, 배우, 세일즈맨 등을 거쳐 데일 카네기 연구소를 설립했다. 1936년, 《데일 카네기 인간관계론》을 출간해 베스트셀러가 되었다. 데일 카네기가 죽은 후에, 그가 좋아했던 동서고금의 명언이 담긴 노트가 발견되었다. 그는 일상 대화나 자신이 쓴 책에서 수집한 그 명언들을 군데군데 효과적으로 사용했다.

> **"**
> 상대방의 이름은 그에게 있어서 모든 말 중에서 가장 달콤하고 중요한 말로 들린다는 점을 명심하라.
> **,,**

《데일 카네기 인간관계론》에서 가장 중요한 것은?

《데일 카네기 인간관계론》은 1981년에 개정판이 나오기까지 전 세계적으로 누계 1,500만 부가 팔린 베스트셀러입니다. 이 책의 저자인 데일 카네기는 '인간관계의 선구자'라고도 불립니다. 자기계발서의 원조 격인 《데일 카네기 인간관계론》은 '이 책만 읽는다면 다른 인간관계에 관련된 책은 읽을 필요가 없다'라고 할 정도의 명작입니다. 이 책에는 '사람을 다루는 세 가지 방법', '사람들이 당신을 좋아하도록 만드는 여섯 가지 방법', '사람들을 설득하는 열두 가지 방법' 등이 쓰여있습니다.

그중에서도 주목해야 할 것은 '사람들이 당신을 좋아하도록 만드는 여섯 가지 방법'에 포함된 '상대방의 이름을 기억하라'입니다. 이는 우리가 평소 습관으로 쉽게 활용할 수 있으며 자신의 매력을 돋보이게 하는 가장 좋은 기회라고 할 수 있습니다.

사람은 누군가 자신의 이름을 부르면 굉장히 친근감이 느껴지고 그 상대에 대해 호감이 생깁니다. 이 책에 따르면, 미국 대통령 프랭클린 루스벨트의 선거 참모였던 민주당 전국위원장 제임스 팔리는 무려 5만 명의 이름을 기억하고 있었다고 하는데, 놀라운 일입니다. 그가 그렇게 많은 사람의 이름을 기억하고 있었던 것은 선거에서 자신들을 지지할 사람들을 많이 끌어들이기 위해서였지만, 그런 노력이 있었기 때문에 루스벨트가 대통령에 오를 수 있었던 것입니다.

여러분도 "이런 기획은 어떨까요, ○○씨?"라는 등, 대화 끝에 상대방의 이름을 붙이는 습관으로 호감을 사는 것은 어떨까요?

상대방의 이름을 부르는 기술 '네임 콜링'
대화에서 서로 말하는 상대의 이름을 많이 부르면 호감도가 높아진다고 한다. 이를 심리학에서는 '네임 콜링' 기법이라고 한다. '이 사람은 나에게 호의가 있구나'라고 전달할 수 있으며 신뢰도를 높일 수도 있다.

일과 사생활을 분리해서
생각하지 않는다

이본 쉬나드Yvon Chouinard(1938~) 14세부터 클라이밍을 시작한 파타고니아의 창업자이다. 요세미티에서 등반하다가 바위에 대량의 하켄(암벽 또는 빙벽을 등반할 때 바위나 얼음에 박아서 등반 보조용으로 쓰는 큰 쇠못, 피톤piton이라고도 함-옮긴이 주)의 흔적을 발견하고 충격을 받아, '아름다운 산이 훼손되는 것을 보고 있을 수만은 없다' 생각하여 하켄 사업을 접고, 못을 박지 않고 암벽 홈 사이에 끼워넣을 수 있는 알루미늄 초크를 제작하기 시작했다. 이것이 등산가들 사이에서 입소문을 타게 되고 파타고니아 창업의 시작점이 되었다. 이후 등산용 옷을 제조하여 판매하기 시작하면서 아웃도어 용품 전반을 다루는 회사로 성장시켰다.

- 남을 인도하고 싶다면 방법은 하나. 선례를 통해 앞장서는 것이다.
- 알면 알수록 필요한 것은 적어진다.
- 간소한 삶을 살아야만 하거나, 그래야겠다고 마음먹어도 인생이 가난해지는 것은 아니다.

파도가 칠 때는 서핑을!

파타고니아는 미국의 등산용품, 서핑용품, 아웃도어 관련 용품 등을 제조하여 판매하는 회사입니다. 1993년에 세계 최초로 페트병 같은 재생 폴리에스테르를 사용한 플리스fleece를 팔기 시작하여 환경을 생각하는 상품으로 유명합니다. 또한 실제로 환경 문제에도 적극적으로 노력하고 있습니다.

이본 쉬나드가 바로 그 파타고니아의 창업자입니다. 지금은 아웃도어 관련 용품이라면 파타고니아 브랜드가 바로 언급될 만큼 유명한 브랜드가 되었습니다.

여기 이본 쉬나드의 마인드이자 습관을 상징하는 유명한 말이 있습니다. "원할 때 서핑하러 가도 된다." 이는 파타고니아 직원들에게 그가 한 말로, 만약 서핑에 취미가 없는 직원이라면 달리기든 사이클링이든 등산이든 뭐든 원할 때 해도 괜찮다고 합니다.

《Let My People Go Surfing》, 이본 쉬나드가 2006년에 출판한 책의 제목입니다. 한국에서는 《파타고니아, 파도가 칠 때는 서핑을》이란 제목으로 출판되었습니다. 그는 이 책에서도 이렇게 말합니다. "좋은 파도가 오는데 서핑에 나가지 않는다니, 무슨 일이 생긴 게 분명하다."

서퍼라면 서핑하기 좋은 파도가 오고 있는데도 사무실에서 일만 하고 있다면 인생을 낭비하고 있다고 느낄 수도 있습니다. 그렇지만 대체적으로 일반적인 직원들은 서핑하기 완벽한 파도와 자신의 일은 무관하다고 생각합니다.

하지만 이본 쉬나드는 그렇게 생각하지 않았습니다. 왜 그는 직원들에게 서핑을 독려하는 경영 철학을 가지고 있을까요?

'업무 중에도 서핑할 수 있다'라는 말은 무엇을 의미하는가?

아무리 회사 창업자이자 대표가 "원할 때 서핑하러 가도 된다."고 해도 정말로 실현 가능할까요? 이 말은 이본 쉬나드의 어떤 사상을 포함하고 있을까요?

이 말에 담긴 그의 첫 번째 메시지는 '업무 일정 관리는 스스로'입니다. 예를 들어, 서핑을 좋아하는 직원이 근무 시간 중에 바다에 간다면 당연히 그 시간에 해야 할 예정된 일은 뒤로 밀리게 됩니다. 하지만 그것은 스스로 책임지고 다른 시간에 업무를 하여 커버할 수 있습니다. 언제 일을 할 것인지, 지금은 즐길 타이밍이 아닌지, 즉 엄격한 자기 관리 능력이 우선시되어야 실현 가능한 것입니다.

하지만 이것은 또한 직원들의 업무 환경이 갖추어져 있지 않다면 가능하지 않다는 의미이기도 합니다. 이본 쉬나드는 불황 시기에 어려워진 회사를 일으키기 위해서 직원들과 함께 파타고니아산을 오르며 함께 고민하고 이야기를 나누며 다시 회사를 성장시켰다고 합니다. 그만큼 그는 직원들과 많은 소통을 하고 경영 철학에 대해 나누었으며, 또한 직원들을 신뢰했다고 합니다. 직원들을 믿고 최대한의 자유를 부여함으로써, 직원들끼리 협동성을 높이고 회사 전체가 효율성을 끌어올린다, 이것이 이본 쉬나드가 가진 경영 이념의 바탕입니다.

또한 '일과 가정과 놀이는 분리되어서는 안 된다'라는 것도 쉬나드의 생각 중 하나입니다. 그의 이런 생각은 파타고니아가 30여 년 전부터 사내 어린이집을 운영하는 것에서도 알 수 있습니다. 당시 미국 전역에서 탁아소를 운영하던 회사는 150군데 정도였는데, 그중 한 곳이 파타고니아였습니다. 그리고 회사 내에 마련된 카페에서 부모와 자녀가 함께 식사하고 마당에서 아이들이 뛰어놀 수 있도록 조성되어 있었습니다. 그런 복지와 자율성 제공으로 직원들의 마음에 안심을 주고 사내 전체를 평온하게 했습니다.

이본 쉬나드의 '파도가 좋은 날엔 직원을 서핑하러 보내자'라는 생각에는 사실 고도의 경영 철학이 담겨 있는 것입니다.

plus
α

스포츠를 하면 뇌의 능력이 향상된다

수영이나 사이클링 같은 유산소 운동을 할 때, 세로토닌, 도파민 등의 성장 호르몬이 잘 분비된다는 사실이 연구 결과로 밝혀졌다. 이 호르몬들은 기분을 좋게 만든다고 알려져 있다. 그리고 운동이 뇌 뉴런의 성장을 촉진한다는 사실도 알려져 있다. 즉, 운동하면 행복을 느낄 수 있고 동시에 뇌의 능력도 향상되는 것이다. 이본 쉬나드의 사상은 뇌 연구 관점에서 보아도 타당한 것이다.

상대가 나를 부정해도,
내 탓이라고 생각하지 않는다

로버트 드 니로Robert De Niro(1943~) 미국의 배우, 이탈리아계 이민 3세로 화가 가정에서 자랐다. 열여섯 살 때부터 연기를 배우기 시작해, 1968년 〈블루 맨해튼 2Blue Manhattan II〉로 영화 첫 주연을 맡았다. 1974년에 〈대부 2〉로 아카데미 남우조연상을, 1980년에는 〈성난 황소〉로 아카데미 남우주연상을 받았다. 〈택시 드라이버〉, 〈언터처블〉 등에도 출연하면서 연기파 배우로 입지를 확실히 굳혔다.

> ❝
> • 여러분은 꿈을 좇아나가고, 여러분들의 운명에 도달해야 한다.
> • 여러분에게는 새로운 문이 기다리고 있다. 바로 '평생 거절의 문'이다.
> • 과감하게 나서서 일단 해보는 수밖에 없다.
> ❞

뉴욕대학 졸업식에서 했던 그의 독특한 연설

2015년 5월, 영화감독 마틴 스코세이지Martin Scorsese 외에도 올리버 스톤Oliver Stone, 레이디 가가Lady GaGa 등을 배출한 뉴욕대학 예술학부 졸업식 연설 자리에서 로버트 드 니로가 이런 이야기를 했습니다.

"물론 거절은 고통스럽습니다. 하지만 제가 느끼기에 거절은 실력의 문제가 아닌 경우가 대부분입니다." 로버트 드 니로는 "당신이 오디션을 보거나 배역을 얻으려고 할 때, 프로듀서나 감독은 마음에 이미 다른 배우를 생각하고 있을지도 모릅니다." 라고도 말했습니다.

즉, 프로듀서나 감독 측에서 이미 '마음에 두고 있는 배우' 가 따로 있는 경우가 많다는 뜻입니다. 그래서 그것을 '내 탓'이라고 생각하는 것은 잘못이라고 그는 말합니다. 그러면서 그는 "그저 그렇게 된 것뿐이지, 당신 잘못이 아닙니다."라고 말하며 졸업생들의 마음을 다독여주었습니다.

더욱이 영화라는 분야에서는 유명 배우라면 몰라도, 이름이 알려지지 않은 무명 배우의 경우에 원래의 대본이 그 또는 그녀의 스타일이나 분위기에 맞추어 구성되어 있지는 않습니다. 하지만 프로듀서는 배우가 연기도 잘해야 하지만 각본에 맞는 스타일이나 분위기를 가진 사람을 찾기 위해 오디션을 보는 것입니다. 그러므로 로버트 드 니로는 오디션에서 떨어졌다고 실력 탓을 하며 우울해할 필요가 없다고 한 것입니다. 이는 인간관계나 취업 등의 일상 분야에서도 적용하여 생각하며 위로받을 수 있습니다.

그는 이어서 이렇게 말했습니다. "만약 당신이 원하는 배역을 얻지 못했다고요? 그렇다면 다음이 있습니다. 혹은 다다음 기회가 있을 수도 있고요." 로버트 드 니로는 마지막에 "Next!"라고 말하며 모두를 격려했습니다.

배역을 따내지 못했던 무명 시절

지금이야 유명 배우라는 타이틀을 지닌 로버트 드 니로지만, 그 역시 1973년 마틴 스코세이지 감독의 〈비열한 거리〉에 출연해 주목받기 전까지는 고생스러운 무명 시절을 보내고 있었습니다. 단역이라도 얻기 위해 많은 오디션을 봤지만, 불합격 통보를 받기 일쑤였습니다. 그렇기 때문에 그가 뉴욕대학 예술학부 졸업생들 앞에서 한 말은 자신의 경험에서 우러난 그의 본심이었습니다.

또 그는 "실제 현실에서는 결코 두 번 다시 전부 A를 받을 수는 없을 것입니다."라며 예술가의 길을 걸어갈 엘리트들에게 충고하면서도, "누군가와 함께 일하게 되면 모든 것에 맡은 바에 최선을 다하세요."라고 다정한 말도 건넸습니다. 이처럼 로버트 드 니로는 일이 잘 풀리지 않는 것에 대해 자책하지 말고 여유를 갖고 천천히 주변을 돌아보는 것이 앞으로의 관계를 쌓아가는 것에서 긍정적인 결과를 얻을 수 있고, 자신을 위해서도 좋다고 여겼습니다.

또한 로버트 드 니로는 '캐릭터 만들기'를 항상 소홀히 하지 않는 것으로 알려져 있습니다. 〈성난 황소〉에서는 실제 프로복서를 연기하기 위해 헬스클럽을 다니며 꾸준히 몸을 단련하고, 〈언터처블〉에서 맡은 알 카포네 역할에 맞춰 자신의 외모를 비슷하게 만들기 위해 얼굴만 살을 찌우고 머리를 M자 헤어스타일로 깎아 만들기까지 했습니다.

일본 배우 중 미쿠니 렌타로三國連太郎 역시 '괴물 같은 배우'라고 불리는데, 그도 캐릭터 만들기로는 지지 않습니다. 1957년, 영화 〈이복형제異母兄妹〉에서 촬영 당시 서른세 살이었던 미쿠니 렌타로는 노인을 연기하기 위해 앞니 열 개를 뽑았다고 전해집니다. 이를 뽑고 난 후에 그는 이렇게 말했다고 합니다. "얼굴이 좋아졌군."

배우가 '연기'에 임하는 노력의 한 부분을 알 수 있는 말입니다.

상대를 '인정'하면 훨씬 좋은 커뮤니케이션이 나온다

로버트 드 니로는 오디션을 '보는 쪽'의 마음가짐에 대해서 말했는데, 반대로 원하는 바를 '전하는 쪽'은 어떤 마음가짐을 가지면 좋을까? 커뮤니케이션을 잘하는 방법의 하나로, 상대에게 제대로 사실을 전달한 뒤에 의사소통하는 방법이 있다. 상대방에게 대충 피드백을 전달하는 것이 아니라, 'OO가 가능해서 좋다' 또는 'OO해주니까 도움이 된다'와 같이 구체적으로 상대방에게 전달하는 것이다. 이렇게 하면 상대방이 '아, 인정받았구나'라고 느끼면서 서로 의사소통이 잘 이루어지게 된다.

머리맡에 명부를 두고
관계자의 이름을 외운다

다나카 가쿠에이田中角栄, Tanaka Kakuei(1918~1993) 일본 니가타 출신의 정치가로,
1947년 중의원에 당선되었다. 1972년, 총리에 취임해 중국과 국교 정상화를 이뤄냈다.
'일본열도개조론(일본 열도를 고속도로나 고속철도로 연결해 지방의 공업화를 촉진하고 도시
의 과밀을 해소하겠다는 계획-옮긴이 주)'을 내세웠지만, 땅값 상승과 물가 폭동을 초래해
1974년 총리직에서 사퇴했다. 이후 일본 사상 최대의 정치자금 스캔들인 록히드 사건으
로 체포되기도 했다. 1989년에 정계를 은퇴하고 최고재판소에서 상고 중에 사망했다.

> 지명해서 비판하지 말라. 둘이 마주 앉아있을 때 혼내라. 칭찬할
> 때는 여러 사람 앞에서 칭찬하라.

'사람의 호감을 사는 천재'의 이름 외우는 테크닉

　다나카 가쿠에이는 '사람의 호감을 사는 천재'라고 불리는 일
본 희대의 정치가입니다. "약속했다면 반드시 이행하라. 지키지
못할 약속은 하지 마라.", "남의 말이 아닌 자신의 언어로 전력
을 다해 말하라." 등을 통해 그의 말에는 거짓된 가식이 없다는
것을 알 수 있습니다. 그래서 최근에 다시 재평가되기도 했습니
다. 그만큼 매력적인 인물이라고 할 수 있겠죠.

다나카 가쿠에이는 작가 데일 카네기(182쪽 참조)와 마찬가지로 '이름'을 중요시했던 인물 중 한 명입니다. 다나카는 이름을 기억하는 것이야말로 사람의 마음을 얻는 길이라고 믿고, 매일 밤 머리맡에 《정관요람政官要覧》이나 각 부처의 간부 명단을 정리한 노트를 놓고, 이름 외에 출신 학교, 출신 지역, 그리고 관계에 대해 암기하는 습관이 있었다고 합니다. 《정관요람》은 국회의 중의원과 참의원 정치인(헤이세이 30년도 판 기준 722명)의 인물상이나 각 기관의 간부 직원(헤이세이 30년도 판 기준 약 5,600명)의 인사 데이터가 실려 있는 한 권의 책으로, 정계 인사 정보가 정리되어 있습니다. B6 변형 판에 분량이 무려 약 1,200쪽에 달합니다.

정치가로 정상의 자리에 오른 다나카 가쿠에이도 인심을 얻기 위한 준비를 게을리하지 않았다고 볼 수 있습니다.

---

plus α

실례가 되지 않는 '이름 기억하는 법'
다나카 가쿠에이는 아무리 생각해도 상대방의 이름이 기억나지 않을 때, "자네, 이름이 뭔가?"라고 솔직히 물었다. 그때 상대방이 "사토입니다."라고 한 경우, "이런! 아니, 성 말고 이름 말일세."라고 하며 슬쩍 풀네임을 알아내기도 했다.

아끼지 않고 남에게 베풀다

커넬 샌더스Colonel Sanders(1890~1980) 미국의 기업가로, KFC의 창립자이다. 집안을 돕기 위해 열 살부터 일하러 나섰다. 1930년, 자리가 여섯 석밖에 없었던 레스토랑 '샌더스 카페'를 창업했다. 그 가게에서 팔던 프라이드치킨이 좋은 평가를 받았고, 1939년에 오리지널 레시피를 완성했다. 오늘날 KFC 체인점 앞에 서있는 '커넬 샌더스 조각상'은, 일본에서 개점하던 초기인 1970년에 점포명이나 '프라이드치킨'이란 단어가 익숙하지 않아서 가게를 알리기 위해 설치했다고 한다.

> 인간은 일을 너무 많이 해서는 안 되는 것보다, 너무 쉰 나머지 녹슬어 안 되는 경우가 훨씬 많다.

커넬 샌더스는 왜 수입의 대부분을 기부하였을까?

한국에서 흔히 'KFC 할아버지'라는 애칭으로 불리는 커넬 샌더스의 평생 습관은 '타인을 위해 돈을 아끼지 않는 것'이었습니다. 거기다 그는 아끼지 않고 자신이 번 돈을 다른 사람에게 나누어주었습니다. 이는 KFC를 창업해서 돈을 벌고 난 후에 생긴 습관이 아닌, 가난했던 시절부터 있었던 습관이었습니다. 그는 매달 수입의 일부를 교회에 기부하고, TV 프로그램에 출연해서 받은 출연료는 모두 대학에 기부했으며, 자서전으로 벌어들인 인세는 보육원에 기부했습니다. 덧붙여 그가 KFC를 창업한 것은 65세 때의 일입니다.

그렇다면 그는 어떻게 그런 대단한 일을 해왔던 것일까요? 집안을 위해 열 살부터 돈벌이에 나섰던 그는 기관사, 보험회사, 주유소 직원 등 40여 개 이상의 직업에 종사했었습니다. 그 과정에서 '다른 사람에게 열심히 서비스하는 사람이 가장 이익을 보는 사람'이라는 신념을 가지게 되었습니다. 그것이 바로 그가 남을 위해 돈을 아끼지 않는 행동을 하게 된 바탕이었습니다.

1930년 '샌더스 카페'를 열고 순조롭게 운영하고 있었지만, 새로운 고속도로가 건설되면서 사람들의 발길이 끊기고, 화재로 인해 소실까지 되면서 실의에 빠져 밑바닥을 경험했습니다. 하지만 그의 친구가 '프라이드치킨 레시피 판매'라는 엉뚱한 아이디어를 제시했고, 그의 꾸준한 자선사업의 영향으로 레시피를 사줄 후원자를 구해 식당을 유지할 수 있었습니다. 물론 커넬 샌더스가 자신의 요리법에 대해 "맛 없다면 돈은 필요 없습니다." 할 정도로 강한 자신감을 보였기에 더욱이 가능했습니다.

plus
α

커넬 샌더스가 일본 KFC를 마음에 들어 했던 이유
커넬 샌더스는 1972년, 1978년, 1980년 총 세 번에 걸쳐 일본을 방문했는데, 이는 일본 매장을 좋아했기 때문이라고 전해진다. "내가 생각하던 그대로의 방식을 지키고, 이상적인 형태를 이어간다."라는 것이 그 이유였다.

전투 전에 다 같이 식사하다

알렉산드로스 대왕 Alexandros the Great(B.C.356~B.C.323) 마케도니아 왕국의 왕으로, 재위 기간은 기원전 336년부터 323년까지. 필리포스 2세의 아들로, 알렉산드로스 3세라고도 불린다. 페르시아 제국을 멸망시키고 중앙아시아와 인도 북서부까지 정복하며 대제국을 이룩했다. 그의 동방 제패와 대제국 건설이 매개체가 되어, 유라시아 대륙의 동서를 융합해 서로 간의 문화 교류가 활발해졌다. 그의 대제국 건설 이후, 로마의 이집트 정복(기원전 30년)까지의 시대를 '헬레니즘 시대'라고 한다.

66

내가 나를 위해 얻은 것은 무엇 하나도 없다.

99

알렉산드로스 대왕은 왜 군사들에게 아이스크림을 나눠주었을까?

알렉산드로스 대왕은 25세라는 젊은 나이에 페르시아 제국을 정복하고 유라시아 동서에 걸친 대제국을 이룩했습니다. 실제로 트럼프 카드 중, 클로버 K의 모티브가 바로 알렉산드로스 대왕입니다. 세계적으로 유명하고 지략이 뛰어나 군사적 천재라는 명칭에 어울리는 인물입니다.

알렉산드로스 대왕은 유라시아를 무대로 희대의 세계 정복자가 되었는데, 그에 관련된 흥미로운 에피소드 중 하나가 '아이스크림의 역사는 알렉산드로스 대왕까지 거슬러 올라간다'입니다. 그는 군사들과 전쟁터를 나갈 때, 함께 얼음과자를 먹었다고 합니다. 그 얼음과자는 빙설에 꿀과 과일, 향신료를 섞은 것으로 출전 전에 반드시 준비시켰다고 합니다. 더위를 견디기 위해서였겠지만, 여기서 중요한 점은 알레산드로스 대왕이 혼자 먹지 않고 다 같이 먹었다는 부분입니다. 그는 병사들에게 얼음과자를 나눠 주고 함께함으로써 그들의 사기를 높였다고 합니다.

알렉산드로스 대왕은 페르시아 원정(기원전 330년) 때, 큰 구덩이를 파서 그곳에 눈을 채우고 포도주를 저장했다고 알려져 있는데, 아마도 차갑게 만든 포도주도 함께 싸우는 동료 병사들과 나눠 마셨을 것이라 추측할 수 있습니다.

전투 다음 날, 그는 자신도 큰 상처를 입었음에도 불구하고 다친 병사들을 다독이기 위해 찾아갔습니다. 그는 지휘관인 동시에 부하 병사들과 같은 전사로서 행동했던 것입니다.

회사 사람들과 어떻게 더 가까워질 수 있을까?

회사 동료들과 좀 더 편한 소통과 업무 도움을 원한다면 먹을 거리를 조금씩 나눠 주며 대화를 트는 것도 좋은 방법이다. 다만 직장에서 나눠 먹을 것을 가져갈 때는 신경 쓰면 좋을 부분들이 있다. 첫 번째로 잘라서 나눠 먹어야 하는 크기가 큰 것(홀케이크, 수박 등)은 되도록 가져가지 않는 것이 좋다. 두 번째로 배분하기 쉽지 않은 너무 작은 것(젤리나 팝콘 등)도 피하는 것이 좋다. 개별 포장 되어 가볍게 나눠 주고 각자 먹기 좋은 것을 추천한다. 그러고 나면 훨씬 업무 관련 소통이 수월하게 흘러갈 것이다.

남들을 대접할 때
철저하게 준비한다

니콜라 테슬라 Nikola Tesla(1856~1943) 크로아티아 태생의 발명가이자 전기공학자로, 테슬라 전기회사 설립자이다. 1881년 부다페스트 전신국에서 기사로 근무하다 1884년에 미국으로 건너가 토머스 에디슨 밑에서 일하지만, 송전 시스템에 이용하는 전류에 관해 에디슨은 직류 방식을 고집했고, 테슬라는 교류 방식을 제안하여 서로 의견이 맞지 않아 회사를 나왔다. 1887년에 테슬라 전기회사를 설립했다. 1891년 테슬라 변압기 발명을 시작으로 무선 통신 시설 건설에 주력해, 라디오 방송 기술 발전에 이바지한 인물로도 알려져 있다. 미국의 전기자동차 회사 테슬라가 그의 이름에서 따온 것이다. 1975년에 미국 전기전자학회IEEE에서는 '니콜라 테슬라상 IEEE Nikola Tesla Award'을 제정하여, 매년 전력 발생 등에 공헌한 사람에게 수상하고 있다.

> 66
>
> 현재는 당신의 것이다, 하지만 미래는 나의 것이다.
>
> 99

주재하는 파티를 완벽하게 준비해 손님을 초대한다

니콜라 테슬라는 '에디슨을 뒤흔든 사나이', '전기의 마술사'라는 별명을 가진 발명가입니다. '최후의 발명왕'으로 불리는 토머스 에디슨을 동경해 바다를 건너 에디슨의 회사에 입사했지만, 전류에 관해 관점이 달라 그와 결별한 후 독립하여 발명가로 우뚝 선 천재입니다.

니콜라 테슬라는 완벽주의자로 유명합니다. 에디슨을 떠난 테슬라는 유명 인사를 초청한 파티를 주최할 때는 요리, 장식 같은 모든 서비스에서 최상의 것을 선택했고, 음식도 하나하나 시식해보며 전반적으로 꼼꼼히 체크를 했다고 합니다. 그리고 그중 조금이라도 신경 쓰이는 것이 있으면, 그것이 비록 최상급 소스와 와인이라 할지라도 되돌려보냈습니다.

그의 완벽주의는 일상생활에도 반영되었습니다. 저녁 식사는 오후 8시에 호텔에서 먹었는데, 호텔을 방문하기 전에 요리를 먼저 주문해두는 것은 물론이고, 항상 열여덟 개의 냅킨을 준비해달라고 요청했습니다. 그리고 모든 요리의 부피를 계산하고 먹는 것이 그의 버릇이었습니다. 그렇게 하지 않으면 식사를 즐길 수 없었다고 합니다.

일의 진행 순서를 잘 따르는 사람은 여유를 갖고 한다
어떤 일에 있어서 진행 순서를 잘 따르는 사람일수록 두 수, 세 수 앞을 내다보고 요령 있게 작업한다. 그날의 작업을 구체적으로, 육하원칙(5W1H : Who, What, Where, When, Why, How)에 따라 정해서 2~3일 전에는 준비를 끝내두는 편이 바람직하다. 상상력을 발휘하면 틀림없이 잘될 것이다.

자신이 원하는 이미지에 가까워지도록 자신을 '연출'한다

프랜시스 베이컨Francis Bacon(1909~1992) 아일랜드 출신의 영국 화가로, 1926년~1927년 에 베를린과 파리 등지에서 지낸 후 런던으로 돌아와 가구 디자인과 실내장식 일을 하며 독학으로 그림을 그리기 시작한다. 사진을 바탕으로 일그러진 얼굴이나 기괴한 생물 같 은 작품을 그렸다. 사진과 회화를 접목한 점에서 보자면 '팝 아트의 선구자'라고 할 수도 있다. 대표작으로는 〈한 풍경 속의 형상Figure in a Landscape〉, 〈벨라스케스의 교황 인노 켄티우스 10세의 초상화 습작Study after Velázquez's Portrait of Pope Innocent X〉, 〈두 인 물 Two Figures〉 등이 있다.

> 66
>
> 예술 작품이 잔혹하게 보이는 것은 현실이 잔혹하기 때문이다.
>
> 99

사후에 밝혀진 프랜시스 베이컨의 진짜 얼굴

프랜시스 베이컨은 '20세기 후반 가장 중요한 인물 화가'로도 불리는 영국의 화가입니다. 〈벨라스케스의 교황 인노켄티우스 10세의 초상화 습작〉, 〈두 인물〉 등의 작품을 보면, 무슨 그림 인지 순간 의아해할 수도 있습니다. 그의 그림은 사진과 그림을 결합해 만들기도 해서 앤디 워홀의 '팝 아트' 같은 회화로 받아 들이면 쉽게 이해할 수 있을지도 모릅니다. 난해한 그림을 그린 그는 언뜻 보기에 까다로울 것 같이 보이지만, 실은 스스로 까다로운 사람이 되길 원했기 때문에 그렇게 스스로를 '연출'했던 경향이 있습니다.

《나는 왜 정육점의 고기가 아닌가?Interviews with Francis Bacon?》의 일본 번역판 해설을 쓴 호사카 겐지로保坂健二朗는 이렇게 말했습니다. "요컨대 나는 이 인터뷰집에 프랜시스 베이컨의 '전략'이 있다고 말하고 싶다. 실제로 프랜시스 베이컨이 사망한 이후에 다양한 1차 자료가 외부로 나왔고, 이 인터뷰집에서—아마도 자신이 원하는 아티스트상을 확립하고 싶었기 때문에—프랜시스 베이컨이 여러 사실을 숨기고 있었다는 사실이 밝혀졌다."

이는 프랜시스 베이컨이 난해하고 어렵고 공포스러운 자신의 작품에 걸맞게 성격을 연출했다는 사실을 알 수 있습니다. 즉 그가 인터뷰집 속에서 연기한 모습은 그가 이상으로 삼는 자신의 '페르소나'였을지도 모릅니다.

프랜시스 베이컨의 작업실에서 발견된 '연출'의 증거

프랜시스 베이컨의 작업실에서 발견된 인터뷰 초고에는 인터뷰를 진행한 데이비드 실베스터David Sylvester와 프랜시스 베이컨의 생생한 대화가 기록돼 있다. 즉, 최종 인터뷰집은 프랜시스 베이컨이 말한 내용을 '취사 선택' 또는 '편집'해서 그의 신비로운 이미지와 연결했다. 그것이 그림의 분위기와 맞물려 프랜시스 베이컨을 희대의 현대 화가로 만든 것은 아닐까.

팬들에게 콘텐츠를
무료로 제공하다

그레이트풀 데드Grateful Dead(1965~1995) 미국의 록 밴드로, 블루글라스에서 밴조를 연주하던 제리 가르시아Jerry Garcia가 밥 위어Bob Weir, 필 레시Phil Lesh 등과 만나 밴드 '더 워록스The Warlocks'라는 이름으로 그룹을 결성했다. 그리고 1965년 제리 가르시아가 밴드 이름을 '그레이트풀 데드'로 바꾸며 다시 새롭게 시작했다. 1967년, 워너 브라더스와의 계약과 함께 샌프란시스코에서 꽃피우던 히피 문화의 유행까지 더해지며, 많은 팬을 얻게 된다. 이들의 라이브 콘서트만 따라다니는 열성 팬들을 가리켜 '데드헤드Deadheads'라는 이름을 지어줄 정도로, 그레이트풀 데드는 마니아 팬을 이끌고 다녔다.

- 출구를 찾을 때는, 지금 내가 알고 있는 모든 것에서부터 벗어나야 한다.
- 정말 아무것도 하고 있지 않았다. 아무것도 하지 않고 있다가, 갑자기 우리에게는 그냥 놀 자유가 있다는 사실을 깨닫게 되어, 여러 가지 멋진 방법으로 놀아보고, 그것을 통해 세상을 새롭게 발견했다.

—제리 가르시아 발언 중

왜 자신들의 라이브를 자유롭게 녹음하고 촬영하게 했을까?

그레이트풀 데드는 미국에서 가장 유명한 밴드를 꼽으라고 하면 항상 거론되는 밴드로, 빌 클린턴 전 대통령이나 애플 창업자인 스티브 잡스 같은 유명인들도 스스로를 데드헤드라고 했습니다.

그레이트풀 데드라는 밴드를 하나의 두뇌로 본다면, 그들은 분명 천재일 것입니다. 왜냐하면 그들은 수십 년 전부터 이미 '콘텐츠 무료 제공'을 해왔기 때문입니다. 지금이야 광고 효과를 노리고 음원 무료 다운로드를 제공하는 것이 일반적이지만, 지금으로부터 수십 년 전에 그런 생각을 했던 사람이나 밴드는 없었습니다. 당시 밴드와 제작사의 목적은 음반을 한 장이라도 더 파는 것이었기 때문입니다.

그레이트풀 데드가 콘텐츠를 무료로 제공하는 방식은 라이브 공연에서 팬들이 자유롭게 녹음하고 촬영할 수 있게 했던 것입니다. 게다가 라이브를 녹음하는 팬들이 가능한 한 좋은 음질로 녹음할 수 있도록, 믹싱 콘솔mixing console 한 뒤에 그들을 위한 장소까지 따로 마련해두었다고 하니 놀랍습니다. '테이퍼'라고 불리는 라이브를 녹음하는 팬은, 티켓을 구매할 때 그 전용 자리를 신청하는 구조였습니다. 이로 미루어 보아 그레이트풀 데드가 라이브 공연에서 녹음과 촬영을 권장하고 있었다는 사실을 알 수 있습니다.

그렇다면 왜 그레이드풀 데드는 자신들의 라이브를 팬들이 녹음하고 촬영하도록 허락했을까요? 이는 팬들이 녹음한 음원이나 촬영한 영상이 그들을 모르는 사람들의 눈과 귀에 닿게 하는 기회로 연결되어 새로운 팬이 생기는 수단이 된다는 사실을 알고 있었기 때문입니다. 테이퍼가 녹음하고 촬영한 것은 그레이트풀 데드 밴드의 커뮤니티에서 공유되어, 연주된 순서나 시간, 즉흥연주improvisation 같은 상황에 대해서 서로 이야기하는 장이 만들어졌습니다. 그 열기는 머지 않아 팬이 아닌 사람들에게까지 전해지게 되었고, 그들이 라이브 공연장으로 발길을 옮기는 계기가 되었다는 사실을 쉽게 알 수 있습니다.

그레이트풀 데드가 자신들의 음악을 무료로 '개방'한 행동이 결과적으로는 그들에게 이익으로 돌아온 것입니다. 당시 라이브에서 녹음이나 촬영을 허락하는 일은 흔치 않았습니다. 그래서 그레이트풀 데드의 그런 모습은 상식을 깨는 행동이었으며 개척자로 여겨졌습니다.

라이브 티켓을 직판한 그레이트풀 데드

팬들의 이익을 위해 그레이트풀 데드가 한 또 다른 하나는 라이브 공연 티켓을 직접 판매한 것입니다. 즉, 중간 업체에 판매를 위탁하지 않고 스스로 판매했던 것입니다. 라이브 티켓 구매를 원하는 데드헤드들에게 핫라인으로 전화를 걸면 녹음 메시지를 통해 직접 표를 살 수 있는 방법을 알려주었습니다. 이는 바로 회신용 봉투와 티켓 가격만큼의 우편환을 동봉하여 보내는 단순한 방법이었습니다. 이로 인해 팬들은 중간 업자에게 수수료를 내지 않고 더 저렴한 금액으로 표를 살 수 있었습니다. 게다가 이런 티켓 구매 방법은 그들의 열성 팬일수록 라이브에서 좋은 자리를 구할 수 있었습니다.

우편을 통해 표를 산다는 것은 무척 귀찮은 일일 수 있습니다. 하지만 적극적으로 그런 귀찮은 일을 하면 좋은 자리를 구할 수 있다는 '신뢰'를 팬들과 쌓아가고, 팬들은 계속해서 라이브 공연에 찾아가게 됩니다. 이렇듯 밴드와 팬들, 스태프들과의 관계성이 그들의 팬을 점차 늘려가고 그레이트풀 데드에 열광하게 만드는 요인이 되어, 계속해서 미국에서 가장 유명한 존재로 남을 수 있었습니다.

어째서 무료 콘텐츠가 이익으로 연결될까?

그레이트풀 데드 밴드의 예시처럼 무료로 콘텐츠를 제공하게 되면 서비스를 구입하는 기회가 줄어들지 않을까 하고 생각하기 쉽지만, 실제로는 그 반대이다. 인터넷 광고가 발달하고 있는 현시대에서, 제공된 콘텐츠는 광고 사이트가 함께 노출되어 많은 사람의 눈에 띄게 만든다. 내용이 좋은 콘텐츠라면 검색되는 경우도 많아지고, 머지않아 사이트의 검색어 순위에서 상위를 차지하게 될지도 모른다. 그렇게 되면 새로운 고객이 늘어나는 것이다.

매일 만나는 사람에게
미소를 건네다

마더 테레사 Mother Teresa(1910~1997) 오스만 튀르크 제국령이었던 코소보주 출생으로, 가톨릭교회의 수녀이다. 평생 가난하고 병든 사람들을 위해 봉사했다. 1979년에는 노벨 평화상을 받았다.

가족이나 동료를 향한 미소 짓기의 어려움

마더 테레사는 이런 말을 했습니다. "우리는 가끔 만나는 사람에게는 쉽게 미소를 짓는다. 하지만 매일 만나는 사람에게 미소를 건네는 일은 어렵다." 여러분은 어떠한가요? 가족이나 직장 동료 등 매일 만나는 사람에게 상냥하게 미소 지을 수 있을까요? 테레사 수녀는 "나 역시도 그렇게 행동하기 어렵다."라고 했습니다. 하지만 자신에게 가까운 존재이기 때문에 쉽게 게으름을 피우게 되는 것인지도 모릅니다. 오늘부터 매일 마주하는 일상 속의 사람들에게 미소를 지어보면 어떨까요.

축하연 비용을 수표로 받은 테레사 수녀

1979년, 노벨 평화상을 받은 테레사 수녀는 수상 축하 파티를 위해 마련된 비용을 '인도의 콜카타 사람들을 위해서 써달라'며 수표로 받기를 희망했다. 결국, 수상 축하 연회 대신 주최 측은 5,000달러를 수표로 전달했다.

감정을 전달하고 싶을 때는 자필로 편지를 쓴다

스리니바사 라마누잔Srinivasa Ramanujan(1887~1920) 인도 태생의 수학자로, 뛰어난 기억력을 가진 수학 천재다.

"수학 이외에는 공부할 생각이 없다."

스리니바사 라마누잔은 "수학 이외에는 공부할 생각이 없다."라는 이유로 마드라스대학 장학생을 포기했습니다. 이후 계속해서 수학만을 공부하던 그는 영국 케임브리지대학의 고드프리 하디Godfrey Harold Hardy라는 유명 수학자에게 자신이 공부하고 있는 수학 정리 내용을 담은 편지를 보냈습니다. 편지에 적혀 있던 내용을 보고 라마누잔의 천재성을 알아본 고드프리 하디는 라마누잔에게 영국으로 올 것을 권유했고, 그는 케임브리지대학에서 공부하게 되었습니다.

세 명의 수학자에게 편지를 보낸 스리니바사 라마누잔

라마누잔은 고드프리 하디를 포함해 세 명(네 명이라는 설도 있음)의 수학자에게 스스로 발견한 100여 가지의 식을 정리한 편지를 보냈다. 요즘은 자신을 어필하기 위해 메일이나, 메시지를 통하는 경우가 많지만, 자신을 누군가에게 증명해보이고 어필하고 싶을 때는 자필 편지로 큰 효과를 볼 수 있다.

가족과 함께
문화생활을 즐기다

찰리 채플린Charlie Chaplin(1889~1977) 영국의 희극 배우이자 영화감독 및 제작자로, 런던의 변두리에서 뮤직홀 배우의 아들로 태어나 어릴 적부터 무대에 섰다. 그가 속한 극단이 미국 순회공연을 할 때 슬랩스틱 코미디의 창시자인 맥 세넷Mack Sennett에게 발탁되어 영화에 출연하게 된다. 이후, 감독을 맡아 수많은 단편영화를 제작하다가 1918년, 장편 〈개의 삶〉을 제작했다. 뒤이어, 〈키드〉, 〈모던 타임즈〉, 〈살인광 시대〉, 〈라임라이트〉 등을 제작하며, 풍자와 애수를 담은 많은 희극영화를 만들어 세계적인 영화인이 되었다.

> 66
>
> 인생은 가까이서 보면 비극이지만, 멀리서 보면 희극이다.
>
> 99

찰리 채플린에게 팬터마임의 즐거움을 가르쳐준 해나 채플린

　세계적인 희극 배우 찰리 채플린은 평생 네 번의 결혼을 했으며(기록에 따라 이설 있음) 훌륭한 자식들이 많았는데, 그중 마지막으로 결혼했던 아내인 우나 오닐과는 여덟 명의 아이를 낳았습니다. 그중 둘째 아들 유진이 말하기를, 아버지인 찰리 채플린에게는 '가족을 데리고 서커스에 가는 습관'이 있었다고 합니다.

　"내가 어렸을 때부터 아버지는 온 가족을 모아 서커스를 보러 가는 습관이 있었다. 우리가 살고 있던 스위스의 브베라는 마을에 서커스단이 순회차 방문했을 때는, 아버지가 공연이 끝난 단원들을 집으로 초대하곤 했었다. 그때의 인연으로 아버지가 돌아가신 후에도 알고 지내던 아티스트도 있었다."

유진은 어머니가 같은 다른 형제자매 중 유일하게 배우의 길을 걷지 않은 인물입니다. 창작자가 되고 싶었던 그는 레코딩 엔지니어를 거쳐 서커스 세계에 발을 들였고, 스위스 서커스단 '서커스 녹'의 예술감독으로 6년간 일했습니다.

찰리 채플린은 왜 가족들을 서커스에 데리고 다녔을까요? 자신에게 있어서 연극의 기초를 형성하게 해준 어머니 해나의 가르침이 영향을 주었을 것입니다. 해나 채플린은 찰리와 그의 형 시드니, 두 아들과 팬터마임을 통한 소통을 하면서 그들을 즐겁게 해주었습니다. 이런 기억에 대해서 찰리 채플린은 "팬터마임은 모든 드라마 형식의 기본을 이루고 있다."라고 했습니다. 연극적 요소가 다양하게 포함된 서커스를 아이들에게 보여주던 습관은, 찰리 채플린이 어머니로부터 배운 것을 그대로 물려주고 싶었던 것이 아닐까요?

세계 어디서든 즐길 수 있는 서커스

일본에도 현재 세계 3대 서커스 중 하나인 '기노시타 서커스木下サーカス' 외에도, '팝 서커스ポップサーカス', '해피 드림 서커스ハッピードリームサーカス', '월드 드림 서커스ワールド・ドリーム・サーカス'가 있다. 그리고 러시아 서커스단이 개최하는 '볼쇼이 서커스'도 있다. 지역은 제각각이지만, 모든 서커스가 어린이뿐만 아니라 어른들도 즐길 수 있는 오락성 여흥으로 완성되어 있다.

자기보다 영리하다고 여겨지는 사람하고만 언쟁하다

존 폰 노이만John von Neumann(1903~1957) 헝가리 태생 미국의 수학자로, '폰 노이만 구조'로 유명하며 현대 컴퓨팅의 기원이라고 할 수 있다. 오늘날에도 거의 모든 컴퓨터 설계의 기본이 되고 있다.

'악마의 두뇌'를 가진 최고의 천재 존 폰 노이만

수학자 존 폰 노이만은 인간을 뛰어넘는 두뇌를 가졌기에 '화성인', '악마' 등으로 불렸습니다. 그는 쓸데없는 다툼으로 인간관계가 나빠지는 것을 피하고자 자기보다 영리하다고 생각하는 상대하고만 언쟁하겠다는 말을 했다고 합니다. 어느 날, 아인슈타인을 비롯한 동시대의 천재들이 모여서 '누가 가장 머리가 좋은가?'에 대해 이야기했는데, 존 폰 노이만이 인정받았다고 전해집니다.

쓸데없는 언쟁을 피하는 비장의 방법
자신이 분을 못 이겨 하는 말에는 상대를 평가하고 비난하며 따지는 경우가 많다. 그때 먼저 상대방이 어떤 부분에 대해 화를 내고 있는지 추측해보고, 상대를 평가하고 따지는 말 대신, '나를 주어로 하는 말로 상대방에게 이야기해보자.

상대가 부르는 값으로
재료를 구입하다

오노 지로小野二郎, Ono Jiro(1925~) 스시 장인으로, 스키야바시지로すきやばし次郎 식당의 주인이다. 시즈오카현 태생으로, 일곱 살 때부터 식당에서 더부살이하며 요리를 배웠다. 1951년 도쿄 교바시 지역의 초밥집 '요시노与志乃'에 제자로 들어갔다. 1965년에 독립하여 '요시노' 지점 자리에 '스키야바시지로'라는 초밥 식당을 개업했다. 80세가 되던 2005년에는 후생노동성(일본 행정기관)에서 '현대의 명공'에 뽑혔다. 2007년에는 《미슐랭 가이드 도쿄》에서 세 개의 별을 획득했다. 《기네스북》에는 미슐랭에서 별 세 개를 받는 요리사 중 최고령으로 인정받았다. 2014년에는 황수포장黄綬褒章(한 분야에서 다년간 힘써온 사람에게 천황의 이름으로 표창하는 일본의 훈장−옮긴이 주)을 수상하였다. 2014년 4월에는 일본을 방문한 전 미국 대통령인 버락 오바마가 아베 신조 일본 총리와 함께 긴자 본점에서 저녁 식사를 하고 회담을 나누어 더욱 유명해졌다.

> 66
>
> 초밥은 쥐자마자 바로 먹어야 가장 맛있고, 그것을 접시에 내려
> 놓아 두면 초밥이 말라서 맛만 떨어질 뿐이다.
>
> 99

좋은 초밥 재료를 구하기 위해서 아낌없이 돈을 쓰다

오노 지로는 《미슐랭 가이드 도쿄》에서 11년째 지속적으로 별 세 개를 받는(2018년 기준) 초밥 식당 '스키야바시지로'의 주인입니다. 말하지 않아도 누구나 아는, 일본을 대표하는 스시 장인입니다.

'스키야바시지로' 본점은 도쿄 긴자의 스키야바시 교차점 한 모퉁이에 위치한 빌딩의 지하에 있습니다. 장인이 운영하는 유명한 가게라고 하기에는 오히려 작고 고즈넉한 분위기와 구조로, 자리도 열 석 정도밖에 없습니다.

하지만 에도마에(에도 요리) 전통을 현대에 전달하는 맛을 추구합니다. 정성을 들여 손질한 재료로 만든 음식의 감칠맛이 '오노 지로가 만든 스시는 꼭 다시 먹고 싶다'라는 평가를 끌어내는 것이겠지요.

명공 오노 지로가 질 좋은 초밥 재료를 구하는 방법은 무엇일까요? 그는 이렇게 말합니다.

"맛있는 초밥에 좋은 재료는 필수다. 그 부분이 부족하면 아예 맛이 나지 않기 때문에, 우리는 수산 시장에서 제일 좋은 재료를 골라 부르는 값으로 재료를 구매한다."

수산 시장, 즉 중간 도매상으로부터 질 좋은 재료를 사기 위해서는 평소에도 시장사람들과 좋은 관계를 유지할 필요가 있습니다.

재료를 구매할 때 그들이 제시하는 가격에 인색하게 굴면 가게에 최상의 초밥 재료를 준비하는 일이 어려워집니다. 그렇기 때문에 오노 지로는 상대방이 부르는 대로 값을 치르기로 한 것입니다.

'스키야바시지로'에서 스시는 기본적으로 오마카세 코스만 주문 가능하며, 가격도 한국 돈으로 30만원이 넘습니다. 전 세계적으로 예약 문의가 쇄도하기 때문에, 지금은 일반 고객의 예약은 받지 않는다고 합니다. 하지만, 그렇다고 해도 초밥 가게로서 스키야바시지로가 갖는 지위가 흔들리는 일은 없을 듯합니니다.

'필요한 경비를 지불'한다는 것

'기브 앤드 테이크', 'Win-Win(윈윈)', '주어라, 그러면 얻을 것이다'라는 말이 있는데, 모두 비즈니스에서도 해당하는 말이다. 그레이트풀 데드(202쪽 참조) 부분에서도 설명했지만, 상대방에게 무언가를 주는 행동을 통해 얻을 수 있는 이익은 분명히 있다. 얻고자 한다면, 나부터 먼저 주어야 한다. 일본의 경영 전략 컨설팅 부분의 개척자인 야하기세이이치로矢矧晴一郎가 경영 전략의 한 가지로 '기브, 기브, 기브 앤드 테이크'라고 말할 정도이다.

아이의 성장 일기를
자세히 기록하다

찰스 로버트 다윈Charles Robert Darwin(1809~1882) 영국의 생물학자로 1831년, 해군
측량선 비글호에 승선하여 대략 5년에 걸쳐 태평양, 대서양, 남아메리카, 갈라파고스 제
도 등을 항해 탐사하며 동식물 관찰과 지질 연구 등을 진행했다. 이때 항해하며 관찰하
고 연구한 것을 계기로, 종의 변화 가능성에 대해 착안하게 되고 1859년에《종의 기원》
이라는 책을 출판했다. 그의 진화론은 과학적인 내용을 바탕으로 학계에 큰 영향을 미쳤
고, 다윈은 진화론을 인간의 기원까지 확대하며 이론을 전개했다.

> 유용한 변이는 보존되고 유해한 변이는 도태되는 것, 이를 자연
> 선택이라고 부른다.

큰아들 윌리엄의 성장 기록을 남긴 찰스 다윈

찰스 다윈은《종의 기원》을 펴내며 생물학자로 인류 역사에
이름을 남겼습니다. 그는 말년에 집필한《찰스 다윈 자서전》에
서 "비글호 항해는 내 인생에 있어서 다른 무엇보다도 중요한
사건이었고, 내 생애의 모든 활동을 결정지었다."라는 기록을
남겼습니다.

항해가 끝난 후 다윈은 소꿉친구였던 에마 웨지우드와 결혼

합니다. 1839년 12월에 두 사람 사이에 첫 아이가 태어나고, 1851년 5월에 아홉 번째 아이가 태어났습니다.

다윈은 에마를 깊이 사랑했기 때문에, 첫 아이였던 윌리엄 이래즈머스 다윈에게도 많은 애정을 쏟았습니다. 다윈은 윌리엄의 성장에 큰 관심을 갖고 성장 기록을 남겼습니다. 그는 직업상 기록을 당연하게 여겼기에 '기록광'이라고 불릴 정도였습니다. 덕분에 윌리엄의 말이나 행동 등을 상세하게 기록했습니다.

이는 그의 가족이 런던에서 남동쪽으로 대략 20km 정도 떨어진 한적한 다운하우스로 이사하는 1844년 9월까지, 약 5년간 계속되었습니다. 아이의 말과 행동은 지식이 아직 몸에 배지 않았기 때문에, 어른의 눈으로 봤을 때 흥미로운 것이 많았습니다. 기록해두고 싶은 마음은 당연했습니다.

이처럼 아이들의 성장 일기부터 다양한 분야에서 꾸준한 기록을 통해 현재의 다윈의 이론이 탄생할 수 있었습니다. 또한 그런 상세한 기록을 통해 자신의 주장과 이론을 더 명확하게 증명해내고 설득할 수 있었습니다.

plus
α

정해진 루틴을 따르는 다윈

찰스 다윈의 일과는 매우 규칙적으로, 아침 일찍 일어나 7시 45분쯤 혼자서 아침 식사를 하고, 8시부터 12시까지 일을 했다. 12시부터는 산책을 하다가 오후 3시부터 방에서 휴식을 취하고, 다시 4시 반부터 한 시간 정도 일하다가 7시 반부터 가볍게 식사한 뒤, 10시에는 잠자리에 드는 루틴을 가지고 있었다. 여느 천재들처럼 규칙적인 자신만의 일과가 있었다.

대중적인 관점에서만
공연을 하지 않는다

야나기야 코산柳家小さん, Yanagiya Kosan(1915~2002) 쇼와昭和·헤이세이平成 시대의 만담가로, 라쿠고落語(무대에서 한 사람이 음악이나 무대효과를 사용하지 않고, 오직 부채와 손수건만 이용하여 이야기를 풀어내는 일본 전통 공연-옮긴이 주) 협회 전 회장이다. 본명은 고바야시 모리오小林盛夫로, 일본 나가노현 태생이다. 1933년 4대 야나기야 코산에 입문, 1936년 아자부 3연대에 소집되어 2·26 사건(일본 육군 청년 장교 파벌 중 하나인 황도파가 천황이 국가 수장으로서 직접 친정하기를 바라며 일으킨 쿠데타-옮긴이 주)에는 이등병으로 반란군에 있었다. 2차대전 중에는 프랑스령 인도차이나에 주둔했다가 1946년에 돌아와, 그 다음 해에 신우치 계급(라쿠고가에 네 가지 계급 중 제자를 받을 수 있는 전문가 계급-옮긴이 주)을 얻었다. 1950년에는 5대 야나기야 코산을 계승하게 된다. 1995년에는 라쿠고가 중 최초로 인간 국보로 지명되어 수많은 유명한 제자를 두었다.

> ❝
>
> 너구리를 연기하려면 너구리의 마음이 되어라.
>
> ❞

관객과 공연의 전문성을 동시에 중요하게 생각한 코산

현재 라쿠고가는 동서를 합해 800명이 넘는다고 합니다. 동쪽의 라쿠고가들이 쓰는 호 중에 가장 많은 것이 '야나기야柳家'로, 현역 야나기야 라쿠고가의 대부분은 5대 야나기야 코산(이하, '코산'으로 통일)의 제자나 그 제자의 제자들입니다.

6년 동안 코산의 집에서 하숙하면서 가르침을 받았고 죽을 때까지 곁을 지켰던 제자 야나기야 코린柳家小里ん은 코산에 대해 '관객보다 라쿠고를 소중히 여겼던 사람'이라고 말했습니다. 라쿠고가는 공연장에서 관객들이 만담을 들어주어야 비로소 인정받을 수 있는 직업인데, 이는 도대체 무슨 의미일까요? 코린의 말에 의하면, "라쿠고는 대중 예술이 아니다. 진심으로 라쿠고를 좋아하는 사람의 것이다. 대중의 입맛에 맞춘다면 라쿠고의 재미는 사라진다."라고 말했다고 합니다.

관객 중에는 라쿠고 마니아부터 갑자기 팬이 된 사람까지 다양한 유형이 있는데, 이른 바 '대중적인' 라쿠고를 하면 수련해오던 예술이 흐트러지거나, 혹여 대중적으로 칭찬을 받게 되면 자신이 그 장점에 고집하게 된다고 생각했습니다. 때문에 '대중'을 위한 라쿠고를 고집해서는 안된다고 말했습니다.

이렇듯 코산은 진정한 공연을 위해서 라쿠고의 오랜 팬들이 더 좋아할 수 있도록, 새롭게 입문한 팬들은 더 깊게 빠져들 수 있도록 그만의 소통을 하며 천재적인 라쿠고를 하였습니다.

plus α

대중의 사랑과 거리두리를 했던 할리우드 여배우
일본에는 '지나친 편애가 도리어 그 사람에게 손해를 준다晶屓の引き倒し'라는 속담이 있다. 할리우드 여배우 그레타 가르보Greta Garbo는 팬들에게 사인이나 팬레터 답장 등의 팬서비스를 일절 하지 않는다고 알려져 있다. 이는 그녀의 신비로움을 부각시켰고, 자신이 거만해지는 것을 방지하려는 생각이었다.

동료의 승리를
자기 일처럼 기뻐하다

다케 유타카武豊, Take Yutaka(1969~) 일본의 경마 기수이다. 역시 명기수로서 1163승을 했던 아버지 다케 쿠니히코武邦彦를 동경해 데뷔했다.

어떻게 다케 유타카는 강한 말을 탈 수 있었을까?

천재 기수 다케 유타카는 동료 기수들로부터 인망이 두텁다고 알려져 있습니다. 이는 동료가 승리했을 때 자기 일처럼 기뻐하고 후배들을 잘 돌보았기 때문입니다. 여름에 규슈의 고쿠라 경마장 등에서 열리는 대회에서 "신예 기수들의 술은 전부 내가 낸다."라고 호탕하게 외치면서 한 번씩 거금을 쓴다고 합니다. 이러한 습관 덕분에 좋은 관계를 많이 맺어, 동료들이 타는 말의 버릇에 대해 잘 알려주거나 명마를 탈 기회가 많았던 것으로 보입니다.

다케 유타카가 말하는 '긴장한다는 것'

통산 4,000승이 넘는 역대 최다승 기록을 보유한 기수, 다케 유타카도 대회 전에 긴장한다. "긴장한다고 하는 것은 아마 빅 레이스에서 유력한 말을 타는 입장에 있다는 것."이라고 그는 말했다. 사람들 앞에서 말할 때도 너무 긴장하지 않고, '긴장감을 즐기는' 자세가 좋은 결과로 연결되는 방법이다.

자신에게 소중한 관계로부터
억지로 떠나다

고타마 싯다르타, 붓다Gautama Siddhartha, Buddha(B.C.463년 무렵~B.C.383년 무렵) 불교의 창시자로, 35세 무렵 부다가야Buddhagaya에서 깨달음을 얻었다.

붓다가 아들 이름을 '라훌라'라고 지은 이유

고타마 싯다르타는 '석가모니'라고도 불립니다. 왕자로 태어난 그는 16세에 결혼하여 라훌라라는 이름의 아들을 두게 됩니다. 산스크리트어로 '라훌라'에는 '장애'라는 의미가 있는데, 이는 고타마 싯다르타의 '출가할 때 멀어지기 어려운 존재, 즉 장애가 생겨버렸다'라는 생각에서 붙여진 이름으로 여겨집니다. 애초부터 출가를 염두에 두었지만, 아들과 떨어지는 일이 힘들었던 모양입니다. 결과적으로는 아들을 굉장히 아끼면서도 관계의 소중함을 넘어, 목적을 이루기 위해 출가하여 오늘날의 '석가모니'로 알려질 수 있었습니다.

반대로 자식을 떠나보내지 못하는 사람 중엔 이런 사람이 많다
자식을 독립시키지 못하는 사람 중에는 아이를 자신의 소유물로 여기거나 아이의 인생을 통제하길 원하는 사람이 많다. 먼저, 자식을 믿고 간섭하지 않고 문제가 생겼을 때만 도와준다면, 서서히 자식을 독립시킬 수 있을 것이다.

Chapter 5

'건강'해지기 위한
습관

몸을 조이는 듯한 옷은 입지 않는다

토머스 에디슨Thomas Alva Edison(1847~1931) 미국의 발명가로, 생애 동안 취득한 특허가 1,300건이 넘는다고 알려져 '발명왕'이라는 별명이 있다. 12세 때 철도에서 신문을 판매하는 판매원이 되었고, 집 지하실에 있던 실험실을 열차 안으로 옮겼다. 이후 기차에서 실험하다 화재를 일으키는 바람에 차장에게 세게 얻어맞아 귀가 잘 들리지 않게 되었다. 30대에 들어서자 진가를 발휘하게 되고, 벨이 발명한 전화기를 개량해 가변저항형 전화기를 고안해 특허를 받았다. '에디슨이 없었다면 20세기는 50년 뒤처졌을 것이다'라는 말도 있다.

- 하나의 생각을 형성하는 데는 평균 5년에서 7년이 걸린다. 때로는 25년의 세월이 필요할 때도 있다. 그러니 길어진다고 쉽게 포기하지 마라.
- 나는 절대 실망하지 않는다. 왜냐하면, 그 어떤 실패라도 앞으로 나아가기 위한 새로운 한 걸음이 되기 때문이다.
- 다이아몬드는 끈기 있게 일한 한 조각의 석탄이다.

몸을 조이는 옷을 극도로 싫어했던 토머스 에디슨

토머스 에디슨은 '발명왕'이라는 별명을 가진 천재입니다. 하지만 '천재는 1%의 영감과 99%의 노력으로 이루어진다'라는 명언을 남겼듯이, 그는 하루 중 대부분의 시간을 연구에 썼습니다. 그가 남긴 편지를 보면, 매일 열여덟 시간이나 일했다는 사실을 알 수 있습니다.

하지만 앞서 말한 그의 유명한 명언에서 오해해서는 안 될 부분은, 그가 '노력만 한다면 천부적인 재능을 얻을 수 있으므로, 힘내라!'라고 말한 것은 아니라는 점입니다.

그는 이에 대해 82세 생일에 "최초의 영감이 좋지 않으면 아무리 노력해도 소용없다. 단지 노력만 하는 사람은 에너지를 낭비하고 있을 뿐인데, 이 사실을 모르는 사람이 너무나도 많다."라고 했습니다. 즉, 그는 '영감'을 얻기 위해서 '노력'할 필요가 있다고 말했던 것입니다. 그의 말을 통해 그저 무작정 노력한다고 해서 천재에 가까워질 수 없다는 점을 알 수 있습니다.

에디슨은 1931년, 84세 나이로 생을 마감할 때까지 줄곧 연구에 매달렸는데, 연구할 때 연구실에서 입는 작업복에 무척 신경을 썼습니다. 그가 가장 즐겨 입었던 것은 헐렁한 작업복이었습니다. 에디슨이 헐렁한 옷을 선호했던 이유는 피곤할 때 언제든지 바로 누울 수 있게 하기 위해서였습니다.

그리고 에디슨은 연구에 진척이 없거나 계속된 실험으로 뇌가 지쳤다고 느끼면 낚싯대를 메고 멕시코만에 맞닿은 부두에 나가, 낚시하며 휴식을 즐기곤 했습니다. 격렬하게 사용하던 뇌에 휴식을 주는 것이 낚시의 목적이었으며, 그렇기 때문에 낚싯대 끝에 미끼는 없었다고 합니다.

이렇게 피곤함을 느낄 때는 휴식과 낚시를 반복하며 연구에 임하던 에디슨은 연구할 때도 조금이라도 몸을 빡빡하게 죄는 옷을 입는 것은 피하고 싶었을 것입니다.

연구를 후원하는 투자자나 정치가들과 식사 자리가 있을 때는 정장 차림을 해야 했지만, 집에 돌아와서는 "이렇게 나를 옥죄는 옷은 나에게 가장 큰 적이야!"라고 외치며 옷을 벗어던졌다고 합니다.

남화파 화가 도미오카 뎃사이도 실천했던 옷 입는 법

실은 일본의 남화파 화가인 도미오카 뎃사이(120쪽 참조) 역시 에디슨처럼 편안한 옷을 입는 습관을 가지고 있었습니다. 도미오카 뎃사이는 비단으로 만든 기모노를 좋아했습니다. 헐렁한 기모노를 입고 있었기 때문에, 앉으면 다리를 시원하게 내놓고 있을 수 있었다고 합니다. 이처럼 그 역시도 몸을 옥죄지 않는 편한 옷을 입고 작업함으로써 작업에 효율을 높였던 것으로 알 수 있습니다.

토머스 에디슨은 또한 건강 유지를 위해, 편안한 옷차림 외에 식사량에 대해서도 신경 쓰고 있었습니다. 에디슨이 직접 기록한 바에 따르면, 아침 식사 메뉴는 토스트와 양고기 구이 약간에 커피 한 잔이고, 점심으로 생선튀김 두 조각과 앤초비를 올린 토스트, 그리고 사과, 홍차, 애플파이를 먹고, 육류가 거의 없는 채소 위주의 저녁 식사를 했습니다. 단, 항상 꼭꼭 씹는 것에 신경을 썼다고 합니다. 에디슨은 적은 식사량을 유지하면서도 먹은 음식으로부터 최대한의 에너지를 흡수하려고 노력한 것입니다.

학교 선생님에게 "네 머리는 썩었어!"라고 야단을 맞던 에디슨

토머스 에디슨은 1874년, 미국 오하이오주 밀란의 한 가정에서 일곱 번째 아이로 태어났습니다. 에디슨 위로 세 명의 형제가 어려서 죽었기 때문에, 소년 시절의 그는 부모님의 소중한 보살핌을 받으며 자랐습니다.

어린 시절 그의 특징은 '질문광'이었다는 점입니다. 아버지 사무엘과 어머니 낸시는 에디슨의 그런 성격에 매우 어려움을 겪었다고 합니다.

"새는 하늘을 날 수 있는데 어째서 인간은 날지 못할까?", "기구는 가스를 넣으면 하늘 높이 날아가는데, 왜 사람은 날 수 없는 것일까?", "거위는 왜 알 위에 앉아있을까?" 이와 같은 질문들을 끊임없이 쏟아냈다고 합니다.

뭐든지 왜, 왜라는 질문을 던졌던 에디슨이었는데, 어머니 낸시는 그런 아들을 귀찮아하거나 매몰차게 대하지 않고, 하나하나 친절하게 대답해주었습니다.

한번은 토머스 에디슨이 거위가 하는 것처럼 밤새 알을 품고 부화시키려고 했던 적도 있었는데, 낸시는 그런 아들을 그저 부드러운 눈빛으로 바라보며 궁금해하는 것을 직접 해소할 수 있도록 도와주었다고 합니다.

그래서 에디슨의 초등학교 담당 선생님이 에디슨에게 이상한 눈초리로 "네 머리는 썩었어!"라고 야단쳤을 때도, "내 아들은 틀리지 않았다."라고 아들 편을 들며 학교를 자퇴하게 하여 스스로 아들을 교육했습니다. 천 가지가 넘는 발명품을 만들어낸 토머스 에디슨을 키워낸 인물은 바로 어머니였다는 사실을 알 수 있습니다.

마지막으로, '발명왕' 에디슨에게 배워야 할 그의 루틴 몇 가지를 소개하겠습니다.

첫 번째, 신경 쓰이는 부분은 어떤 것이든지 메모를 한다. 항상 노트에 메모하면 머릿속이 정리됩니다. 또한, 에디슨은 전에 써놓은 실험 결과 내용과 새로운 실험 결과를 비교함으로써 더 새로운 이치를 도출해냈습니다.

두 번째, 네다섯 시간의 수면을 취한다. 그는 "여덟 시간 이상 잠자는 사람은 숙면하기 어렵다."라고 말합니다. 그에게 여덟 시간은 너무 긴 수면 시간으로, 네다섯 시간을 최적의 수면 시간으로 설정했습니다. 무슨 일이든 과한 정도를 싫어했던 토머스 에디슨다운 습관이라고 할 수 있습니다.

세 번째, 오류를 발견했을 때는 원점으로 돌아간다. 계속해서 백열전구 실험이 실패하여 신문과 라디오에서 에디슨을 향해 마구 비판을 해대던 때였습니다. 토머스 에디슨은 거기에 동요하지 않고, 오히려 반대로 냉정해져 실험을 시작할 당시의 시점으로 돌아가기로 결심합니다. 그 끝에 필라멘트 백금에 문제가 있었다는 점을 알아차린 것입니다.

이 세 가지 삶의 루틴은 모두 우리의 삶에 도움되는 사고 방식들입니다. 이를 통해 토머스 에디슨이 계속해서 위인으로 손꼽히는 증거라고 할 수 있겠죠.

리커버리 웨어로 자면서 체력 회복

'기능성 옷'은 종류도 늘어나면서 해마다 확대되고 있다. 그런 기능성 옷 종류 중 하나가 '리커버리 웨어'이다. 부교감신경이 훨씬 나은 상태로 인도되게끔 서포트해, 체력이 회복되기 쉬운 환경을 만들어주는 제품이다. 발매 초기에는 스모 선수나 프로 야구 선수, 올림픽 메달리스트 같은 사람들이 애용했지만, 혈류 촉진을 도와주는 소재로 만들어졌다는 점 때문에 일반 회사원이나 주부들도 잠옷으로 종종 이용한다. 하지만 수면에 있어서 가장 중요한 점은 몸을 조이지 않는 옷을 입고 자는 것이다.

성공하고 싶은 일이 있는 전날 밤은 가능한 한 잘 자둔다

살바도르 달리Salvador Dali(1904~1989) 스페인의 화가이자 조각가, 작가로, 위로 치켜세운 콧수염이 특징이며 초현실주의를 대표하는 예술가이다. 스페인 카탈루냐 피게라스에서 태어나, 마드리드 왕립미술학교에서 공부했다. 1931년, 달리 회화의 정수이기도 한 '녹는 시계'가 그려진 〈기억의 지속The persistence of memory〉을 발표했다. 제2차 세계대전 중 미국으로 이주했지만, 1948년 다시 스페인으로 귀국했다. 1982년, 달리의 아내이자 뮤즈였던 갈라가 사망하면서 정신적으로 초췌해졌고, 1984년에는 온몸에 화상을 입는 등 불우한 말년을 보냈다.

> 나는 마약을 하지 않는다. 내가 마약이다.

살바도르 달리가 '깊은 잠'을 잔 이유는?

살바도르 달리는 거리낌 없이 '천재'를 자칭했던 화가입니다. 탁월한 사실적 묘사와 환상적인 모티브는 다른 화가의 추종을 불허합니다. 그리고 빳빳하고 길게 위로 뻗은 콧수염은 그를 상징하는 이미지로, 수염만 보아도 달리라고 인식할 수 있습니다.

살바도르 달리는 전해지는 수많은 기행과 함께 기묘한 풍모까지 더해져 강렬한 이미지가 있지만, 실은 친한 사이의 사람에게는 세심하게 신경을 쓰며 대했다고 합니다.

살바도르 달라의 저서 《달리, 나의 50가지 비전50 Secrets of Magic Craftsmanship》(일본어판 제목)에서 '비전 3' 챕터는 '자물쇠로 잠긴 수면'이라는 제목인데, 이 챕터에서 달리는 이렇게 말합니다.

"어떤 일이 있어도 성공하겠다고 마음먹은 중요한 작품에 착수하기 전에 꼭 해야 할 일은 가능한 한 깊게 자는 것이다. 이는 매우 중요하다. 잠이라는 의식 없이 작품에 들어가는 일은 위험하다. 말하자면, 좋지 않은 첫걸음을 내딛는 것과 같다."

기묘한 느낌을 풍기는 살바도르 달리가 하는 말이라고는 생각되지 않을 만큼 지극히 정직한 사고방식입니다. 다만, 달리가 이처럼 '깊은 잠'을 중요하게 여기는 이유는 그림에 대한 마음가짐뿐만 아니라, 그림 자체를 중요시하기 때문일 수도 있습니다. 달리는 위의 말에 이어 또 이렇게 적었습니다.

"첫 시작이 좋지 않은 그림 작품은 나중에 아무리 피나는 노력을 해도, 그리고 싶었던 주제를 다 그려내는 수준까지 이르지 못한다."

사실 잠자는 동안에도 뇌는 일한다

혹시 이런 경험이 있는가? 자기 전날 밤에 어수선하게 정리되지 않던 생각이 아침에 일어나니 말끔히 정리되어 있는 경험. 사실 사고를 정리하거나 기억을 정착시키는 것은 깨어있을 때보다 자고 있을 때가 더 효과적이라고 알려져 있다. 사람은 잠에 빠지면 뇌도 쉰다고 생각하기 쉽지만, 얕은 수면인 '렘수면'일 때 여전히 뇌 전체는 활동하고 있다는 말이다. 렘수면일 때 눈꺼풀 아래에서 안구가 미세하게 움직이고 있는 것이 바로 그 증거다.

좋은 소식은 잠을 깬 후,
좋지 않은 소식은 잠을 깨워 보고하라

나폴레옹 보나파르트Napoléon Bonaparte(1769~1821) 프랑스 황제로, 재위 기간은 1804년부터 1814년, 그리고 1815년이다. 프랑스령 코르시카섬 귀족 출신, 포병장교로 프랑스혁명에 참전, 이탈리아 파견군 사령관으로 승리를 거두며 두각을 나타냈고, 1804년 황제 자리에 올랐다. 그 기세를 몰아 유럽 정복에 나섰지만, 대영 봉쇄와 러시아 원정에 실패하여, 1814년 퇴위하고 엘바섬으로 유배됐다. 이듬해 다시 황제 자리로 복귀했으나 워털루 전투에서 패배하며 세인트헬레나섬으로 두 번째 유배길을 떠나 그곳에서 사망했다. 그의 조카 루이 나폴레옹(나폴레옹 3세)은 1848년에 대통령으로 취임, 1852년에 제2제정을 선포하고 황제에 즉위했다.

> 66
>
> 숙고할 시간을 가져라. 그러나 행동할 때가 오면 생각을 멈추고
> 뛰어들어라.
>
> 99

"좀 더 자게 해달라!"며 숙면했던 나폴레옹

　나폴레옹 보나파르트는 하루에 세 시간씩만 잠자며 끊임없이 프랑스 국민을 위해 일했다는 이야기가 있지만, 실은 이 내용은 잘못된 에피소드입니다. 오히려 그는 오랜 시간 숙면하려 노력했던 것으로 알려져 있습니다.

　나폴레옹의 개인 비서였던 루이 앙투안 포브렛 드 브리엔Louis

Antoine Fauvelet de Bourrienne이 펴낸 《나폴레옹 일화Memoirs of Napoleon》에서 "나폴레옹은 다른 사람은 밤을 새우게 했지만, 본인은 잤다. 심지어 숙면했다."라고 말했습니다. 그리고 이어서 "그는 매일 아침 7시에 깨워달라며 나에게 부탁했다. 그래서 아침마다 그를 깨우려고 하면, 그는 자주 비몽사몽한 상태로 '아, 브리엔! 제발 좀 더 자게 해줘!'라고 말하곤 했다."고 전했습니다.

브리엔의 말에 따르면 나폴레옹은 매일 일곱 시간씩 자고, 낮잠까지 잤다고 합니다. 그리고 잠자는 동안은 가능한 자신의 침실에 들어오지 말 것, 좋은 소식이 있을 때는 결코 자신을 깨우지 말 것, 단 나쁜 소식이 있을 때만 즉시 깨울 것을 당부했습니다.

아마존 창업자 제프 베조스도(16쪽 참조) 알람을 맞추지 않고 자연스럽게 눈을 뜬다고 공언했듯이, 숙면하는 것은 일을 잘하기 위해 필수적인 것으로 보입니다. 프랑스혁명 이후 혼돈의 시대를 이끄는 것은 웬만한 정신력으로는 어려웠을 것입니다. 나폴레옹은 그런 정신력의 근원이 수면에 있다는 사실을 알고 있었던 것입니다.

plus
α

전 세계 수면 시간의 평균은?

우리가 대략 몇 시간 잠자는지 생각해본 적이 있나? 일본 총무성(대한민국의 행정안전부에 해당)이 2016년 실시한 '사회생활기본조사' 결과에 따르면, 일본의 평균 수면 시간은 7.4시간이었다. 2021년 기준 세계인의 평일 평균 수면 시간은 6.9시간, 주말은 7.7시간인 것에 비해, 한국의 평일 평균 수면 시간은 6.7시간, 주말은 7.4시간으로 평균 이하라고 전해진다.

목욕하면서
딱딱한 것을 먹는다

아가사 크리스티Agatha Christie(1890~1976) 영국의 여류 추리소설 작가로, 1920년 첫 작품인 《스타일즈 저택의 괴사건》을 출간한 이래 수많은 장편소설 및 단편소설을 발표했다. '미스터리의 여왕'이라는 별명을 갖고 있다. 벨기에 태생의 명탐정 에르퀼 포와로가 활약하는 《애크로이드 살인사건》으로 작가로서 입지를 굳혔고, 《그리고 아무도 없었다》, 《오리엔트 특급 살인》 같은 유명 작품 외에도, 영국의 전형적인 시골 마을에 사는 노인이 아마추어 탐정으로 활약하는 《목사관의 살인》도 높은 인기를 자랑한다.

- 이상한 생각일지도 모르지만, 누군가가 우스꽝스럽게 보일 때 야말로 내가 그 사람을 얼마나 사랑하는지 알 수 있다.
- 나는 원래 큰 희망을 품은 인간으로 태어나지 않았다.

작업이 막힐 때 했던 놀라운 해결책

아가사 크리스티는 1976년 1월에 사망했을 당시, 세계에서 손꼽히는 미스터리 작가였습니다. 출간한 신작은 수백만 부의 매출을 자랑하며, 영국뿐만 아니라 미국, 유럽, 아시아에서도 큰 사랑을 받았습니다.

하지만 세계적으로 유명한 아가사 크리스티라고 해도 계속해서 작품을 다루다 보면 트릭의 소재는 고갈되기 마련입니다. 그럴 때 그녀는 어떤 방법으로 아이디어를 생각해냈을까요? 그녀의 습관은 바로 '목욕하면서 단단한 것을 먹기'였습니다. 아가사 크리스티는 미스터리 트릭 등의 아이디어가 떠오르지 않으면 으레 사과를 먹으면서 목욕하곤 했다고 합니다.

얼핏 보기에 특이한 습관 같지만, 이런 행동에는 분명한 근거가 있습니다. 단단한 형태의 음식을 씹으면 뇌의 기능이 활발해진다고 알려져 있습니다. 치아와 치아가 서로 잘 맞물리면서 뇌에 진동이 전달되어 뇌 기능을 촉진하기 때문입니다.

목욕하는 시간은 긴장이 풀려있는 때입니다. 그 시간에 사과를 베어 먹고 뇌에 진동을 가하면, 막혀있던 아이디어가 풀릴 가능성을 높게 보았던 거 같습니다.

일본 무장도 딱딱한 음식으로 장수했다!?

아가사 크리스티의 '목욕하면서 딱딱한 음식을 먹는 습관'은 만국 공통의 좋은 습관이었습니다. 일본 최초의 무사정권을 창시한 미나모토노 요리토모源賴朝의 장인이었던 호죠 도키마사北条時政는 특히나 단단한 음식으로 식사했다고 전해지는 무장입니다.

호죠 토키마사가 직책을 맡아 이주했던 가마쿠라도 사가미만(일본 가나가와현 남부에 있는 만－옮긴이 주)은 해산물을 풍부하게 잡을 수 있는 지역이었습니다. 주로 바닷바람으로 말린 생선을 먹거나, 산에서 잡은 짐승의 고기를 먹었으리라고 쉽게 짐작할 수 있습니다.

　사실 가마쿠라 시대의 식사가 전반적으로 딱딱한 음식 위주였다는 사실은, 치의학 박사인 사이토 시게루齋藤滋와 음식문화 연구가 나가야마 히사오永山久夫가 함께 조사하면서 밝혀진 내용입니다. 실험 결과에 따르면, 가마쿠라 시대의 식사하는 데 걸리는 시간은 현대의 식사 시간과 비교해보면, 대략 네 배나 더 소요되었다고 합니다. 즉 가마쿠라 시대의 식사 방법이 훨씬 더 많이 씹어야 하고, 그만큼 많은 타액이 분비된다는 사실을 알 수 있습니다.

　딱딱한 음식을 먹으며 목욕을 했던 아가사 크리스티가 이러한 연구 결과를 어디까지 알고 있었는지는 확실하지 않습니다. 하지만, 그녀가 작품의 아이디어가 떠오르지 않을 때 딱딱한 것을 즐겨 먹었다는 사실은 놓칠 수 없습니다.

plus
α

"나에게 필요한 것은 튼튼한 받침대와 타자기뿐."
아가사 크리스티의 팬이라면 잘 알고 있을 그녀의 집필 방법은, 그녀는 어디에서나 글을 쓸 수 있었다는 사실이다. 그녀는 "나에게 필요한 것은 튼튼한 받침대와 타자기뿐."이라 말하며 자신의 집필 방법에 대해 이야기했다. 그녀의 주변 사람들은 그녀가 작업하는 모습을 본 적이 별로 없어서 대체 언제 쓰는 건지 물어보았다고 한다. 아가사 크리스티의 특기가 집중력이었기 때문에 집필 장소가 어디라도 상관없었던 것이다.

복부 깊은 곳,
온몸을 이용해 소리를 내다

제아미世阿弥, Zeami(1363년 경~1443년 경) 무로마치 시대의 노能(일본의 성격이 뚜렷한 대표적인 가면극으로, 간아미와 제아미 부자에 의해 훌륭한 예술성을 획득함−옮긴이 주)의 작자이자 배우로, 간아미観阿弥의 장남으로 태어났다. 12세의 나이에 아버지와 함께 쇼군 아시카가 요시미쓰足利義満에게 발탁되었고, 그 후 아버지가 대성시킨 노를 더욱 발전시켜 '유현한 노'로 완성했다. 하지만 그를 후원하던 아시카가 요시미쓰가 죽고 그 뒤를 이은 아들 요시모치義持는 조아미増阿弥를 총애하게 되며, 제아미는 1434년, 72세의 늙은 나이에 외딴곳으로 유배되었다. 제아미가 완성한 작품만 50여 개가 넘고, 《풍자화전風姿花伝》, 《화경花鏡》은 지금까지도 전승되어 오는 예술서다.

• 숨기면 꽃이 되고, 숨기지 않으면 꽃이 될 수 없다.
• 고수는 하수의 본보기, 하수는 고수의 본보기.

어떻게 제아미는 장수할 수 있었을까?

제아미는 아버지인 간아미와 함께 일본의 세계적인 무대 예술인 '노가쿠能楽'의 기초를 확립한 노의 배우입니다. 그는 자신의 경험을 바탕으로 많은 노가쿠 이론과 예술서를 썼습니다. 하지만 그의 저서들은 단순한 노가쿠 이론에 그치지 않고, 21세기를 살아가는 우리에게 삶의 방식을 알려주는 심오한 내용도 내

포하고 있습니다. 그런 의미에서 일본 중세시대를 살았던 제아미도 천재의 대열에 꼽힌 인물 중 한 명이라고 할 수 있습니다.

제아미는 72세에 유배된 후에 다시 귀경했는지는 알 수 없지만, 일설에 따르면 1443년 81세의 나이로 사망했다고 합니다. 21세기인 지금이라면 몰라도, 중세시대에 80세가 넘도록 살았다는 것은 당시의 사람 중에서 틀림없는 장수였습니다. 그렇다면 제아미는 어떻게 오래 살 수 있었을까요?

아마 그 대답은 그가 노의 배우였다는 사실에서 쉽게 찾을 수 있을지도 모릅니다. 노의 동작은 꽤 느립니다. 느리게 보이지만 오히려 육체는 긴장감으로 가득 찬 상태를 유지합니다. 빠르게 움직이는 것보다 느린 상태를 유지하는 편이 몸이 훨씬 힘들기 때문입니다.

노의 악사 야스다 노보루安田登는 그의 저서에서 "발바닥 전체로 바닥을 스치듯이 걷는 걸음을 중심으로 하는 연습은, 주로 대요근 같은 심층 근육의 활성화로 이어집니다."라고 말했습니다.

한 TV 프로그램의 어느 기획에서, 야스다와 다른 유파의 악사인 쓰무라 레이지로津村禮次郎의 심층 근육을 측정했는데, 70세가 넘은 쓰무라는 30세 정도, 50세인 야스다는 20대의 대요근 수치였다고 합니다. 이런 사실로부터 노 연습이 사람에게 미치는 좋은 효과를 알 수 있습니다.

한편, 노의 '우타이謠'가 인체에 미치는 효과도 간과할 수 없습니다. 우타이는 노의 배우가 말하는 대사를 일컫는 말인데, 어설픈 발성으로는 그 독특한 노의 우타이를 해낼 수 없습니다.

우타이에는 깊은 호흡이 필요합니다. 제아미는 우타이에 대해, 오장에서 소리를 내는 것이 춤의 시초이며 목소리에 힘이 부족하면 춤을 춰도 관객에게 감동을 줄 수 없다고 했습니다. 오장이란 간장, 심장, 폐장, 비장, 신장의 다섯 가지 내장을 이르는 말입니다. 이 중에 목소리를 내는 기관은 없는데, 즉 제아미는 복부 깊은 밑바닥에서부터 소리를 내는 것, 또는 온몸을 사용해 소리를 내는 연습의 중요성을 이야기한 것입니다. 이러한 연습을 통해서도 심신 단련을 강화했던 것으로 보여집니다.

plus
α

노의 놀라운 효과 '리켄노켄'이라는 말을 들어보셨나요?

'리켄노켄離見の見'은 제아미와 더불어 전자상거래 회사 재팬넷다카타의 창업자인 다카타 아키라高田明도 자신의 좌우명 중 하나로 꼽는 말인데, '객석에 있는 관객이 자신을 보고 있는 눈'과 '자신이 자신을 보고 있는 눈'을 일치시키는 것의 중요성을 설명한 말이다. 즉, 마음이나 생각은 뒤에 두고 자신의 모습을 객관적으로 바라보는 의식을 가지라는 뜻이다.

노의 연습에서는 기본적으로 거울을 사용하지 않는다. 그 때문에, 자신의 모습은 자신의 눈으로 직접 확인하지 않으면 연습에서 춤을 출 수가 없다고 한다. 그래서 또 다른 자신의 눈으로 전체를 볼 수 있어야 한다는 뜻이다.

분노를 다스리는 방법을 찾아
마음을 가라앉히다

마하트마 간디 Mahatma Gandhi(1869~1948) 인도 태생의 민족운동 지도자로 '마하트마 (위대한 영혼)'는 관용적인 칭호이다.

역무원의 차별에 간디가 맞선 방법은 무엇일까?

마하트마 간디는 인도인의 인권을 옹호하기 위한 비폭력 저항 운동인 '사티아그라하 운동'을 조직했습니다. 그가 인도인의 인권에 대해 눈뜨게 된 계기는, 남아프리카에서 인도인이라는 이유로 기차 1등석에서 화물칸으로 강제로 몇 번이나 옮겨지고 난 후입니다. 간디는 이에 대해서 철도 회사 대표 앞으로 장문의 항의 편지를 쓰는 것으로 분노와 저항을 표했습니다. 간디는 이 사건을 '가장 창조적인 경험'이라고 회고했으며 이를 시작으로 간디의 비폭력 저항이 시작되었습니다.

앵거 매니지먼트 Anger Management**로 분노를 '관리'하다**
간디처럼 분노하는 순간에 무작정 화를 내기보다는 '영리하게 화를 표현하는 방법'이 있다. 상대의 인격을 부정하는 말을 하지 않는다, 화내는 목적을 분명히 한다, 기분에 따라 화내지 않는다, '언제나', '절대' 같은 단어는 사용하지 않는다 등 앵거 매니지먼트를 만들어 순간의 화로 일을 그르치지 말자.

나이 들어가는 자신의 모습을
그대로 받아들이다

오드리 헵번Audrey Hepburn(1929~1993) 벨기에 태생의 전설적인 영화배우로, 대표작은 〈로마의 휴일〉 등이 있다. 에미상, 그래미 어워드, 아카데미상, 토니상을 모두 수상한 그랜드슬램 수상자이다. 세기의 미녀 타이틀을 넘어 대중문화를 상징하는 아이콘이었다.

유니세프 친선대사로 말년을 보낸 오드리 헵번

할리우드 여배우 오드리 헵번은 말년에 유니세프(UN 아동기금)의 친선대사로 맡은 일에 몰두했습니다. 세계 각국을 방문했을 당시 찍힌 영상에는 선명하게 주름진 얼굴의 그녀 모습이 담겨 있었습니다. 하지만 오드리 헵번은 그 모습을 방송에 내보내는 것을 흔쾌히 승낙했습니다. '계속 아름답게 남아야 한다'라는 고정관념을 불식시키고, 그녀는 있는 그대로의 나이 든 건강한 아름다움을 두른 모습으로 제2의 인생을 걸어가기로 한 것입니다.

주름살을 숨기지 않는 프랑스 여성

프랑스에서는 '외모가 아름다운 여성'보다 '성숙한 여성'이 더 멋있다고 여겨진다. 그래서 기미나 주름이 있어도, 그것은 살아온 훌륭한 증거가 된다. 남녀불문 젊은 모습을 유지하려는 것도 좋지만, 나이에 맞는 모습도 멋지다는 것을 잊지 말자.

제철이 아닌 음식은
먹지 않는다

도쿠가와 이에야스德川家康, Tokugawa Ieyasu(1542~1616) 에도 시대에 일본을 통치했던 막부의 초대 쇼군이다. 6세 때 오다織田 가문과 요시모토今川 가문에서 인질 생활을 하다가 일본 전국시대의 3대 야전으로 불리는 오케하자마桶狹間 전투를 치르고 이마가와 가문으로부터 독립하여 오카자키로 돌아간다. 도요토미 히데요시 밑에서 힘을 기르다가 그가 죽고 나서 세키가하라 전투関ヶ原(서기 1600년 일본 미노국 세키가하라에서 벌어진 전투로, 승자는 향후 265년간 일본을 지배하고 패자는 가문이 몰락함-옮긴이 주)에서 승리하여 세이이타이쇼군征夷大將軍으로 취임한다. 오사카 전투에서 승리하여 무가제법도武家諸法度 등을 제정하며 명실상부하게 천하를 통일했다.

> 66
>
> 사람의 일생은 무거운 짐을 지고 먼 길을 가는 것과 같다.
>
> 99

알고 보니 '건강 마니아'였던 도쿠가와 이에야스

도쿠가와 이에야스는 에도막부의 초대 쇼군으로 사실 상당한 '건강 마니아'였습니다. 도쿠가와 이에야스가 매사냥을 좋아했다는 사실은 유명한 이야기인데, 그가 자주 매사냥을 나갔던 이유는 가까이에서 서민의 생활을 느껴 정치에 반영하기 위해서만은 아니었습니다. 자신의 건강을 위해서이기도 했던 것입니다.

그리고 도쿠가와 이에야스가 식사에 관해 신경을 썼던 부분 중 하나가 제철 음식이 아닌 음식은 먹지 않았다는 점입니다. 이유인즉슨, 제철 채소나 과일이 영양가도 높고 맛도 좋으며, 제철이 아닐 때 먹는 채소나 과일은 몸에 득이 되지 않는다고 생각했기 때문입니다.

이런 일화가 있습니다. 하루는 도쿠가와 이에야스가 복숭아를 받았는데, 복숭아가 제철이 아닌 시기였기 때문에 먹지 않고 가신에게 주었다고 합니다. 이 이야기를 들은 다케다 신겐武田信玄은 도쿠가와가 보양을 가장 중요하게 생각했기 때문에, 계절에 맞지 않은 복숭아를 먹지 않았을 것이라며 그의 행동을 칭찬했다고 합니다.

도쿠가와 이에야스는 약에 대한 지식도 풍부해서 중국 의약서 《본초강목本草綱目》을 연구하여, 스스로 약을 조제했다고도 전해집니다.

여름철 채소와 과일을 손쉽게 구할 수 있는 현대 사회

지금은 수박 같은 여름이 제철인 과일이나 채소도, 겨울에 슈퍼마켓 등에서 찾을 수 있는 기회가 많아졌다. 이는 품종 개량이나 재배 기술의 향상 덕분이며, 맛이나 영양가가 바뀌는 것은 아니다.

건강을 위한 음식은
정확하게 계량하여 섭취한다

루트비히 판 베토벤Ludwig van Beethoven(1770~1827) 독일의 클래식 작곡가로, 작품으로는 〈영웅교향곡〉, 〈운명교향곡〉 등이 있다. 바흐, 모차르트와 함께 음악 역사상 가장 위대한 업적을 이룬 작곡가로 손꼽힌다.

건강을 위해 단 한 알의 오차도 용납하지 않은 베토벤

작곡가 베토벤은 아침 식사로 내려 마시는 커피를 기호 식품이 아닌 영양소 섭취를 위한 음료라고 생각했습니다. 그래서 신중하게 준비했다고 합니다.

커피를 내리기 위해 준비하는 원두는 정확히 60알을 세서 사용했다고 합니다. 특히 손님을 위해 준비할 때는 그 수를 더 정확하게 셌다고 전해집니다. 그 방식이 너무나도 철저해서, 한 알의 오차도 없도록 다시 세는 경우도 종종 있었다고 합니다.

아침에 일어나서 '무언가에 감사하는 것'

아침에 일어나 실천하면 좋은 습관 중 하나는 '무언가에 감사하는 것'이다. 아침에 일어나면 햇볕 아래에서 10분 정도 앉아 따스한 햇빛에 감사하거나, 한잔의 커피를 마시면서 인생에 감사하는 것도 좋다.

짜증 날 때는 자리를 벗어나
나만의 해소 방법을 찾는다

히노하라 시게아키日野原重明, Hinohara Shigeaki(1911~2017) 야마구치현 출생의 의사로,
세이로카 국제대학 학장 등을 역임했다.

되도록 엘리베이터를 사용하지 않고 자신의 발을 움직여 걷다

105세의 나이로 생을 마감한 히노하라 시게아키는 일본의 장
수한 의사였습니다. 그는 병원이나 지하철에서 엘리베이터를
사용하지 않고, 가급적 다리를 움직여 걷는 것을 습관으로 삼았
습니다. 또한 짜증이 나거나 스트레스를 받을 때는 그 자리에서
잠시 벗어나 잔달음질을 치는 행동을 종종 했다고 합니다. 히노
하라 시게아키가 100세가 넘는 장수를 누린 것은 평소 그의 스
트레스 해소 방법이 도움이 되었을지도 모릅니다.

달리기에는 스트레스를 덜어주는 힘이 있다

달리기에는 만성적 스트레스가 해마(학습과 기억을 관장하는 뇌의 기관)에 미
치는 영향을 막는 힘이 있다고 알려져 있다. 미국 브리검영대학의 교수 제
프 에드워드는 "밖에 나가 달리는 것만으로도 스트레스가 뇌에 미치는 악영
향을 막을 수 있다."고 말해 단순한 방법만으로 우리가 스트레스를 극복할
수 있다는 것을 알렸다.

화려한 색의 물감을 사용하여
그림을 그리다

윈스턴 처칠Winston Churchill(1874~1965) 영국의 정치인으로 전 총리직을 역임했다. 옥스퍼드셔주 블레넘에서 태어나, 1895년 입대했다. 당시의 경험을 바탕으로 《말라칸드의 야전군 이야기The story of the Malakand Field Force》 등을 쓰며 주목을 받았다. 이후 《모닝포스트》 종군 특파원 기자로 보어 전쟁Boer Wars(1899~1902년)을 취재했다. 포로로 잡혔다가 수용소를 탈출해 영웅이 된 일화도 있다. 1900년, 보수당 하원의원으로 시작하여 재무장관, 내무장관, 해군장관 등을 역임하고 정치가로서 사임한 후에 다시 복귀하여 총리 자리에 올랐다.

> ❝
>
> 짖는 개를 볼 때마다 매번 멈춰서 돌을 던지면 절대 원하는 곳에 가지 못한다.
>
> ❞

"수수한 갈색 계열의 색에는 진심으로 미안하게 생각한다."

　영국의 총리 윈스턴 처칠은 '철의 장막'이라는 단어를 사용한 "발트해의 슈체친에서 아드리안해의 트리에스테까지 대륙에 걸쳐 철의 장막이 내려졌습니다."라는 연설로 유명합니다. 그는 직접 저술한(구술 필기) 《제2차 세계대전》(전 6권)으로 1953년에 노벨 문학상을 수상한 작가이기도 합니다.

　문학적 재능이 있었던 윈스턴 처칠은 40대 후반에 이르러서는 취미로 그림을 그리기 시작했습니다. 40대 후반이면, 그가 정치인으로 바쁜 시절을 보냈던 때입니다. 당시 윈스턴 처칠은 그림에 대해서 어떤 생각을 갖고 있었을까요?

"그림을 그리는 것은 친한 친구와 마주하고 있는 것 같다. 결코 터무니없는 요구도 하지 않을 것이고, 기진맥진할 때까지 엉덩이를 때려가며 몰두하게 만드는 일도 없다. (중략) 나는 색깔에 대해 호불호가 없는 척 따위는 할 수 없다. 화려한 색을 아주 좋아하며, 수수한 갈색 계열의 색에는 진심으로 미안한 마음이 들 정도다. 천국에 간다면 100만 년 동안의 대부분은 그림을 그리며 시간을 보내, 그림의 본질까지 닿아볼 작정이다."

지금도 가끔 경매에 출품되는 윈스턴 처칠의 그림을 보면, 확실히 그림이 밝은 분위기로 가득 차있습니다. 개중에는 약간 어두운 기운이 감도는 색을 사용한 것도 있습니다만, 그런 작품조차도 밝은 색채를 요소요소에 사용하여 그림 자체에는 화려한 느낌을 주었습니다. 그는 화려한 색감의 그림을 그리면서 스트레스를 해소하고 침착함을 되찾았던 것이라 전해집니다.

윈스턴 처칠이 장수한 이유는 어디에서 찾을 수 있나?
윈스턴 처칠은 격동의 세계사 속에서도 90세까지 장수 인생을 살았다. 그의 장수 비결은 유쾌한 삶과 유머러스함에 있다고 여겨진다. 이에 부합하는 몇 가지 명언이 유명하다. "'새로운 책을 펴기 전에 고전을 읽어라'라는 철칙이 있다. 그런데, 작가인 내가 이 철칙을 무조건 따르라고는 말하긴 힘들군.", "내가 끼어들 때는 끼어들지 마라."

건강 관리와 동시에
세련됨을 유지하도록 신경 쓰다

엘리자베스 테일러Elizabeth Taylor(1932~2011) 영국 태생의 할리우드 여배우로, 1943년 〈래시 집에 오다〉에 출연한 이후 아역 배우로 활약했다. 1950년대에 출연한 〈신부의 아버지〉, 〈자이언트〉로 미녀 여배우로 자리를 잡았다. 1966년에 〈누가 버지니아 울프를 두려워하랴〉로 아카데미 여우주연상을 받았다. 2011년 79세의 나이로 생을 마감하기까지 여덟 번의 결혼과 호사스러운 생활, 지병으로 힘든 투병 생활 같은 드라마틱한 삶을 살았다.

> 나의 문제는, 나는 여성의 육체와 아이의 정서를 갖고 있다는 것이다.

브로드웨이 무대에 서기 위해서 다이어트에 도전한 리즈

　엘리자베스 테일러는 매우 희귀한 제비꽃 색을 띠는 눈동자에 쌍꺼풀이 진한 큰 눈을 가진 역대 할리우드 여배우 중 손꼽히는 슈퍼스타입니다.

　'20세기의 클레오파트라'로 불릴 만큼 미모를 자랑했던 리즈(엘리자베스 테일러의 애칭)였지만, 40대 무렵부터 고독감과 허무감에 시달리면서 스트레스로 인한 과식으로 체중 조절에 힘들어했습니다. 가장 체중이 나갔을 때는 80kg을 넘었고, 그녀는 점점 전성기의 빛을 잃어갔습니다. 하지만 그런 리즈에게 무대에 설 기회가 찾아왔습니다. 바로 브로드웨이 무대 〈더 리틀 폭스The Little Foxes〉로부터의 섭외였습니다. 그 섭외 요청을 계기로 리즈는 다이어트를 결심했습니다. 음주와 군것질을 자제하고 운동하며 무려 36kg 감량에 성공했습니다.

당시 그녀는 전신을 볼 수 있는 전신 거울을 준비해두고 일부러 자기의 모습 그대로를 확인하고 먹은 것을 모두 기억했으며 (배우였던 그녀는 기억력이 좋아서 노트에 따로 적지 않아도 기억할 수 있었다고 함), 다른 사람과 식사해야만 할 때는 음식을 권하는 상대방에게 계속해서 '노, 땡큐'라고 말하며 끊어냈습니다.

게다가 엘리자베스 테일러는 다이어트 중에도 세련된 모습을 유지하기 위해 노력했습니다. 그녀가 옷차림에 신경 쓰지 않게 된 것은 정신적으로 매우 우울하고 과체중이었던 상태 때문이었습니다. 엘리자베스 테일러는 스스로에게 긍정적인 자세를 잃어서는 안된다고 말합니다.

plus
α

엘리자베스 테일러처럼 체중 감량하는 방법

리즈는 감량 성공 후에 다시는 건강하지 않던 시절로 돌아가지 않기 위해 가장 뚱뚱했던 당시의 사진을 냉장고에 붙여놓고 매일 경계심을 가졌다고 한다. 그렇다고 미용을 목적으로 무턱대고 굶으며 체중 감량에 도전하는 것은 좋지 못한 자세이다. 건강을 위해 식단 노트를 적으며 식사를 잘 챙겨먹고 운동을 하는 것이 중요하다. 무엇보다 엘리자베스 테일러처럼 긍정적인 마음가짐으로 건강한 태도를 유지하려는 것이 핵심이다.

데일리 해빗

초판 1쇄 인쇄 2022년 5월 25일
초판 1쇄 발행 2022년 6월 7일

지은이 교양종합연구소
옮긴이 유선영
펴낸이 김문식 최민석
총괄 임승규
책임편집 조연수
기획편집 이수민 박소호 김재원
　　　　　이혜미 김지은 정혜인
디자인 배현정
제작 제이오

펴낸곳 (주)해피북스투유
출판등록 2016년 12월 12일 제2016-000343호
주소 서울시 성북구 종암로 63, 5층 (종암동)
전화 02)336-1203
팩스 02)336-1209

© 교양종합연구소, 2022
ISBN 979-11-6479-672-4　03190